Der Bürgerpark Oberföhring

der **Bürgerpark** oberföhring

Vom Lazarett zur Kultur-Oase

Herausgegeben vom Verein für Stadtteilkultur im Münchner Nordosten e.V.
und dem Geschichtsarbeitskreis "Bürgerpark Oberföhring"
mit Unterstützung des Kulturreferats der Landeshauptstadt München

Zum 20-jährigen Bestehen des Bürgerparks

Mit Beiträgen von
Karin Bernst, Helmut Hofstetter, Willibald Karl, Karlheinz Kümmel,
Dieter Vögele

2004

Verlag NordOstKultur-München

Diese Arbeit konnte nur gelingen durch die finanzielle Unterstützung des Kulturreferats der Landeshauptstadt München und des Bezirksausschusses 13 (Bogenhausen).

Nachstehende Bürger bewiesen durch ihre finanzielle Unterstützung ihr Interesse an der Stadtteilgeschichte und trugen wesentlich dazu bei, dass dieses Buch realisiert werden konnte:

Ursula Barth
Robert Brannekämper
Werner Binder, Elektroanlagen, Oberföhring
Christiane Hacker
Hans-Ulrich Pfaffmann
Fritz Schösser
Erich Walter Schwaiger
Paula Sippl

Vielen Dank.

1. Auflage 1000 Stück

Foto Umschlagbild: Einfahrt zum Bürgerpark (Josef Krause, 2003)
Foto Rückseite: Das Baugelände 1940

Satz: Thomas Bernst, München
Druck und Bindung: Printservice Decker

Printed in Germany
ISBN 3-9809735-0-6

Inhalt

Vorwort

Willibald Karl

Wenn jemand oder etwas einen runden Geburtstag zu feiern hat, besinnen sich Jubilar/in und Gratulanten gerne auf die Ursprünge – also kurz gesagt: auf früher. Wenn jetzt der Bürgerpark Oberföhring 20 Jahre alt wird, so ist das ein Grund, sich mit Genugtuung an die großartige bürgerschaftliche Aktion zu erinnern, die seine Entstehung ermöglicht und seine Entwicklung gefördert hat.

Aber hier soll nicht nur von den ruhmreichen Taten der „Vereinsgemeinschaft 29 e.V." (VG 29) und der Künstlerinitiative IBO und ihren Vorkämpfern – eher waren es auch Vorkämpferinnen! – die Rede sein, sondern viel mehr auch von der Sache selbst, vom Bürgerpark, seinem Gelände, seinen Bauten, von dem, was vorher in ihnen war und davon, was an Möglichkeiten in diesem Ensemble vielleicht noch schlummert.

Deshalb hat sich eine Gruppe auf den Weg gemacht, um mit Hilfe vieler „Zeitzeugen", alter Fotos und Dokumente die Geschichte und Vorgeschichte des Bürgerparks zu ergründen. Das heißt also: die Geschichte des Städtischen Krankenhauses Oberföhring zwischen Kriegsende und dem Umzug in das Klinikum Bogenhausen, seiner Direktoren, Ärzte, Schwestern, Patienten; die Geschichte des Luftwaffenlazaretts des 2. Weltkriegs, aus welchem es hervorgegangen ist; Not und Notwendigkeiten der Kriegszeit und des Kriegsendes; ja vorher noch die Geschichte ehemals bäuerlicher Parzellen, die über die „Zwischennutzung" als Ziegelgrund schließlich in eine typische Nutzungsform von Stadtrandgebieten, nämlich der als Militärgelände, aufging.

Und dies alles war und ist natürlich immer auch ein Stück der Geschichte des uralten Dorfes Oberföhring, seiner Bauernfamilien und seiner Zugewanderten. Wer von denen, die ihre Grabstätten auf dem Kirchhof rund um die Pfarrkirche St. Lorenz haben, hätte sich dies alles träumen lassen, als der Ort vor über 90 Jahren – viel zu früh – eingemeindet wurde. Eingemeindet wegen der Oberföhringer Isar-Au, die zum Herzogpark geworden war und einheitlich, d.h. städtisch, überplant werden musste. Zwei Weltkriege, Inflationen kamen dazwischen; lange noch war Oberföhring ein Dorf in der Stadt mit einigen Einsprengseln.

Manches verwischt oder verklärt sich in der Erinnerung. Manchmal wird so aus Geschichten Geschichte – allemal wert einer „bewusstlosen", Bewusstseins - losen Nachwelt überliefert zu werden.

Der Geschichtsarbeitskreis "20 Jahre Bürgerpark Oberföhring" bedankt sich für die Unterstützung durch Fotomaterial, Beiträge schriftlicher und mündlicher Art und für die Mithilfe jeglicher Art bei:

Ilse Bader, Helga Bandomer, Liselotte und Lutz Bothe, Friederike Bucerius, Heinrich Frey, Erika Fuchs, Hans Fuchs, Hans-Jürgen Groebner, Maria-Therese Haas, Siegfried Heichele, Hubert Hohensee, Marianne Kautzsch, Florentine Kotter, Alois Kurrer, Hans Lakomy, Christine Meder, Maria Nindl, Franz Oberhauser, Werner Obermeier, Ernst Reitsam, Robert und Josef Riedl, Adolf Riedmeier, Otto Rothenfußer, Eva Ruhland, Michael Schillinger, Max Schüssler, Karl Seegerer, Wolfgang Siegel, Ilse Snopkowsky, Franz Spitzweg, Alix Stadtbäumer, Peter Stellmach und Margit Thaller, Leo Zirker.

Für die Durchsicht des Manuskripts bedankt sich der Geschichtsarbeitskreis bei Helga Gröschler.

Oberföhring, Juni 2004

Die Vorgeschichte des Geländes

Karin Bernst

Der Ort "Föhring" wird in der 251. Urkunde der Traditionen des Hochstifts Freising aus dem Jahre 807 erstmals genannt. Im Jahre 1305 zählte man zum bischöflichen "Amt Föhring" die Dörfer Ober- und Unterföhring, Ismaning, Englschalking, Daglfing, Freimann, Bogenhausen, Trudering, Hohenbrunn, Unterhaching und Besitzungen am Starnberger See. Hierbei handelte es sich um einzelne Bauernhöfe, die den Bischof von Freising als Grundherrn hatten. Im September 1319 gewährte Kaiser Ludwig der Bayer dem Freisinger Bischof Konrad III gegen eine Geldentschädigung von 100 Mark Silbers die ersehnte Grafen- und Landesgerichtsbarkeit. Der Bischof besaß nun für seine Grafschaft Ismaning, die aus den Dörfern Ober- und Unterföhring, Englschalking, Daglfing und Ismaning bestand, außer der niedrigen Dorfgerichtsbarkeit auch die Hoch- oder Blutsgerichtsbarkeit. Mit der Säkularisation im Jahre 1803 wurde Oberföhring bayrisch und seit dem 1. Juli 1913 gehört Oberföhring der Stadtgemeinde München an.

Das Gelände, auf dem sich heute der Bürgerpark Oberföhring befindet, stammt vom Bichlhof in Oberföhring, heute Muspillistraße 5. Diese Hube war bis zur Säkularisation der Hofkammer von Freising zinspflichtig gewesen. Seit mehreren Generationen wurde das Anwesen von der Familie Gruber bewirtschaftet; schon in einer Kirchenrechnung von 1778 wird der Bichlbauer Georg Gruber als Kirchenprobst genannt. In den Jahren 1897/1899 fand eine Zertrümmerung des Hofes statt. Im Februar 1897 verkauften die Bauersleute Ludwig und Katharina Gruber die Plannummer 287 mit 5,337 ha an den Ziegeleibesitzer Anton Huber um 70.000 Mark. Im Oktober 1897 ging dieser Besitz für 150.000 Mark an die Kaufmannseheleute Grünwald. Das Anwesen selbst, mit dem übrigen Grundbesitz, wurde im Jahr 1899 an den Ziegeleibesitzer Friedrich Pfeifer aus Englschalking um 140.000 Mark veräußert. Den alten Bauernhof konnte 1917 der Oberföhringer Pfarrer Georg Manseicher für die Errichtung einer "Kleinkinderbewahranstalt" erstehen.

Die Ziegelei von Fritz und Maria Grünwald

Der Neubau einer Ziegelei auf Plannummer 287 durch Fritz Grünwald fand im Jahre 1898 statt; sie erhielt die Hausnummern 68 und 69 in Oberföhring. Die Ziegelproduktion belief sich im Jahre 1901 auf 1.600.000 Stück und im Jahre 1903 auf 1.800.000 Stück Ziegelsteine. Die Betriebszeit wurde auf ca. 15 Jahre angesetzt, d.h. nach dieser Zeit war der Grund abgeziegelt. Die Ziegelei bestand im Jahre 1913 aus: einem Ziegelbrennofen, mehreren Ziegeltrockenstadeln, Trocken- und Lagerplätzen, einem Arbeiterwohnhaus mit Waschhaus und Remise. Die Ziegeleigebäude wurden im Jahre 1920 abgebrochen. Das Wohnhaus mit der Hausnummer 68 blieb weiterhin bewohnt, laut Adressbuch lebte dort die Witwe Therese Gruber.

Abbildung 1: Das Baugelände im Jahre 1939 mit dem Arbeiterwohnhaus der Ziegelei Grünwald. Blick nach Süden, rechts die Oberföhringer Straße

Ab 1938/1939 kaufte das Deutsche Reich (Reichsfiskus – Luftfahrt) über 35 Hektar Acker- bzw. abgeziegelten Grund in Oberföhring auf. Gezahlt wurden für abgeziegelten Grund 3,00 RM pro qm, für nicht abgeziegelten Grund 4,00 RM pro qm. Die Familie Grünwald verkaufte wohl nicht ganz freiwillig ihren Besitz in Oberföhring für das Lazarett, der Grundbucheintrag erfolgte erst im Juli 1940. Der Kaufpreis betrug 191.350,- RM. Ab dem Jahre 1939 wurde hier das Luftwaffenlazarett Oberföhring mit 300 Betten errichtet.

Das Zwangsarbeiterlager an der Lohengrinstraße

Östlich der Ziegelei Grünwald befand sich die Ziegelei von Paul Sedlmaier. Diese Ziegelei mit 8,177 ha Grund kaufte im Februar 1919 das Baugeschäft Heilmann und Littmann GmbH um 185.000 Mark (davon 50.000 Mark für bewegliche Sachen). Die Ziegelei war bis ca. 1934 in Betrieb.

Abbildung 2: Arbeitskompanie beim Freilegen der Heizkanalwände, März 1940

Im Jahre 1938 wurden die Grundstücke aus der Ziegelei mit den Plannummern 436½ und 441½ mit 3,407 Hektar an das Deutsche Reich (Reichsfiskus - Luftfahrt) verkauft. Die Lagerhallen der Ziegelei wurden zu Wohnzwecken ausgebaut und weitere Baracken aufgestellt. Die Baracken standen unter städtischer Verwaltung durch das Dezernat VII; sie dienten zur Unterbringung von Arbeitsbataillonen.

Im Jahre 1943 bezog die Kriegsgefangenen-Bau-Arbeitskompanie 3, Braunschweig, das Gefangenenlager Oberföhring mit einem Aufnahmevermögen von 300 bis 450 Personen. Das Dachdecker-Bataillon V, 1. Kompanie, mit 133 Personen traf im Oktober 1943 ein, davon wurden 62 Mann im Oktober 1944 nach Nürnberg abgezogen. Bei den Kriegsgefangenen handelte es sich laut Erzählungen um Franzosen.

Nach der Beschlagnahme aller militärischen Gebäude durch die Amerikaner 1945 wurden die Baracken des Arbeitslagers für einige Monate als Arresträume genutzt, danach wurden dort Flüchtlinge untergebracht. Vor allem kinderreiche Familien erhielten ein provisorisches Zuhause, darunter auch viele evangelische Zuzügler; die erste zahlenmäßig bedeutende evangelische Gemeinde in Oberföhring. In einer der alten Baracken fand ab dem Jahre 1955 Religionsunterricht für die evangelischen Kinder statt. Das Lager wurde ab dem Jahre 1957 aufgelöst.

Abbildung 3: Der Bauplatz in östlicher Richtung gesehen: in der Mitte die Ziegelei Sedlmaier, rechts daneben die Lagerbaracken, rechts hinten die Lohengrinkaserne (heute Prinz-Eugen-Kaserne) an der Cosimastraße

Erinnerungen von Heinrich Frey aus Oberföhring

Heinrich Frey kann sich noch gut an die Kriegsgefangenen erinnern, die in Unterföhring bei der Firma Hallenbau arbeiteten. An ein besonderes Ereignis denkt er gerne zurück, hatten doch die Gefangenen bei einem künstlerisch versierten Arbeiter eine Schnitzerei, soweit erinnerlich war es eine Madonnenfigur, in Auftrag gegeben, als Dank dafür, dass sie so gut behandelt worden waren.

Ein namentlich nicht genanntes weibliches Wesen aus Unterföhring vertrieb die gefürchtete Feldgendarmerie mit einem Putzhadern, den sie über ihrem Kopf schwang, weil sie zwei Arbeiter aus dem Hallenbau mitnehmen wollte: „Geht's an d' Front und kämpft's fürs Vataland und lost's meine Buam in Ruah arbat'n".

So beeindruckt gingen sie unverrichteter Dinge von dannen.

Die Luftwaffenkaserne "Lohengrin-Kaserne"

Abbildung 4: Blick vom Lazarett
auf die Kaserne (hinten links) und die neue Siedlung an der Lohengrinstraße (hinten rechts)

Östlich der Cosimastraße errichtete die Luftwaffe ab Juli 1938 die Nachrichten-kaserne an der Lohengrinstraße, heute Prinz-Eugen-Kaserne. Im Mai 1945 von den Amerikanern besetzt, diente die Kaserne als Flüchtlingslager der UNRRA (United Nations Relief and Rehabilitation Administration = Hilfsorganisation zur Unterstützung von Flüchtlingen, Vertriebenen und DPs in den von den westlichen Alliierten besetzten Gebieten, gegründet 1943; DPs = Displaced Persons, Personen nichtdeutscher Staatsangehörigkeit, die im Zweiten Weltkrieg von den deutschen Besatzungsbehörden in das Gebiet des Deutschen Reiches verschleppt wurden oder dorthin geflüchtet waren). Die Nachrichtenkaserne bot Platz für bis zu 2000 Personen. Im September 1945 war sie mit 700 Letten belegt.

Das Luftwaffenlazarett von 1939 – 1945

Das Luftwaffenlazarett München-Oberföhring

KARLHEINZ KÜMMEL

Den ersten Hinweis auf ein Luftwaffenlazarett in Oberföhring, im Nordosten Münchens, ist im Katasterplan des Vermessungsamtes der Stadt München vom 19.10.1939 vermerkt. Das Grundstück bestand aus der Flur Nr. 287a mit 18391 qm und Flur Nr. 287b mit 38441 qm. Mit Schreiben Luftwaffenbauamt II München, Wagmüllerstraße 14 vom 10.04.1941 wurde ein Plan mit Einfriedung und Einfahrt zum Luftwaffenlazarett bei der Lokalbaukommission München eingereicht. Der Baubeginn der Einfriedung wurde mit dem 01.08.1940 und die Ingebrauchnahme mit 01.12.1940 angegeben.

Bereits im November 1940 wurde das Luftwaffenlazarett in Betrieb genommen. Der Bestimmung nach wurden nur Soldaten behandelt. Das Lazarett war als militärische Liegenschaft eingezäunt und über ein Einfahrtstor mit einer Wache erreichbar. Die Unterkünfte bestanden aus Wehrmachtsbaracken in Holzausführung ohne Unterkellerung. Auf dem Gelände befanden sich eine Operationsbaracke und elf einstöckige Baracken zur Unterbringung der verletzten Soldaten, drei Baracken als Unterkunft für das Sanitätspersonal, einer Wachbaracke, vier Baracken für Verwaltung, Bewirtschaftung, Wäscherei, Kämmerei und einige feste Gebäude. Die 21 unterschiedlichen Gebäude konnten über ein ausgedehntes Wege- und Straßennetz erreicht werden. Das Gelände war mit einer eigenen Kanalisation, Wasserversorgung, Zentralheizung, Strom- und Telefonversorgung voll erschlossen. Im südöstlichen Teil des Luftwaffenlazaretts war die Operationsbaracke mit einer Auffahrtsrampe, einem Operationsraum, Sterilisationsräume und Röntgenzimmer für die Behandlung der verletzten Soldaten. Über einen überdachten Verbindungsgang konnte eine Baracke mit Bädern, zwei Schwerkrankenbaracken und vier Krankenbaracken zur Genesung erreicht werden. Zwei weitere Baracken für Kranke zur Genesung waren über Geh- und Fahrwege erreichbar. Eine Baracke für "Absonderung" und eine Reservebaracke bildeten den Abschluss mit einem Geräteschuppen. Im nordwestlichen Geländeteil, beim Eingangstor, war die Wachbaracke, die Baracken der Verwaltung, der Kammer, der Wäscherei dem anschließenden Heizhaus mit Kohlelager, der Wirtschaftsbaracke, Lagerbaracke, je eine Baracke als Offiziers-, Mannschafts- und Schwesternunterkunft, einer Garage und einem Gebäude mit Trafostation und Notstromanlage. Die Beheizung der Baracken erfolgte durch eine mit Kohlen befeuerte Zentralheizung in einem zweigeschossigen Heizhaus mit einer Wohnung im 1. Obergeschoß für den Heizer.

Das Luftwaffenlazarett verfügte über eine chirurgische und eine interne Abteilung. Mit dem Bau des Luftwaffenlazaretts wurde auch eine ausgedehnte Luftschutzanlage mit sechs Luftschutzräumen und betonierten Splittergräben gebaut mit einem Fassungsvermögen für 545 Personen. Diese Einrichtungen befanden sich zwischen bzw. neben den Baracken. Von der Operationsbaracke aus führt ein schräger Zugang zum Operationsbunker zum Schieben der Krankentragen. Dieser war mit einem Operationsbereich, Röntgenanlage und Sterilisationseinrichtungen, Wasch- und Toilettenanlagen voll ausgerüstet, um verletzte Soldaten während der Bombenangriffe zu operieren und zu behandeln. Eine eigene Notstromversorgung und Tiefbrunnen im Operationsbunker sicherten auch bei Ausfall der Energieversorgung den Notbetrieb. Der Lazarettbetrieb konnte so bis zum Kriegsende aufrecht erhalten werden.

Abbildung 5: Schrägabgang zum Luftschutzraum

Abbildung 6: Lüftungsanlage im Luftschutzkeller

Das Luftwaffenlazarett war neben der Behandlung der Verletzten auch Aus-bildungsstätte für das Luftwaffensanitätspersonal. Die leitenden Ärzte waren Stabsärzte der Luftwaffe. Der Pflegedienst wurde anfangs von Schwestern des Roten Kreuzes durchgeführt. Nachdem sich die Lage an den Fronten ver-schlechterte, wurden diese größtenteils dorthin versetzt und Schwestern des 3. Ordens übernahmen die Pflege im Oberföhringer Luftwaffenlazarett.

Im Frühjahr 1945, nach dem Einmarsch amerikanischer Truppen in München, übernahm die Militärregierung das Lazarett bis zum Jahre 1946. Die ehemaligen Soldaten wurden ab Ende 1945 entweder als gesund entlassen oder konnten in Ausweichkrankenhäuser außerhalb der Stadt München verlegt werden.

Im Laufe des Jahres 1946 ging der Krankenhausbetrieb in städtische Verwaltung über. Das Luftwaffenlazarett wurde ursprünglich als Provisorium nur für einige Jahre gebaut. Aufgrund der schlechten Nachkriegsversorgung der Kranken und der herrschenden Bettennot in München, wurde eine viel längere Nutzung erforderlich. Erst mit dem Neubau des städtischen Krankenhauses Bogenhausen wurde das ehemaligen Luftwaffenlazarett Oberföhring 1984 aufgelöst.

Quellennachweis:
LH München, Planungsreferat Lokalbaukommission Zentralregistratur
LH München, KVR BD-ZA-ZS
Städtisches Krankenhaus Bogenhausen - Druckschrift zur Neueröffnung
Vorabveröffentlichung aus dem Buch:
Karlheinz Kümmel „Die Luftschutzbunker in München"ISBN 3-00-010373-2

Die Baugeschichte in Bildern

KARIN BERNST

Der Bau des Lazarettes wurde in über 100 Fotos dokumentiert. Bauleitung: Bauleiter Höfflin und Dipl. Ing. Fischer. Folgende Firmen waren am Bau beteiligt: Fa. Anton Wengerter: Aushub; Fa. S. Lichtenecker: Abbruch und Betonierarbeiten; Fa. Anton Götz: Kanalarbeiten; Fa. Holzhaus und Hallenbau Chemnitz: Barackenbau; Fa. Emil Ludwig: Betonierarbeiten; Fa. Möhl und Schnizlein: Gartenarbeiten; Fa. Gebr. Rank: Aushub und Betonierarbeiten.

Mit den Bauarbeiten wurde im November 1939 begonnen.

Abbildung 7: Ausbaggerung der Straße am Eingang Oberföhringer Straße, November 1939

Das noch auf dem Gelände befindliche Gebäude wurde teilweise abgerissen, Bäume wurden versetzt.

Abbildung 8: Teilabbruch des alten Gebäudes, November 1939

Abbildung 9: Versetzen von Bäumen, November 1939

Der Kanalanschluß zur Oberföhringer Straße wurde hergestellt

Abbildung 10: Ausbaggerung des Kanals im Wirtschaftsteil, November 1939

Abbildung 11: Ausschachtarbeiten für die Abwasserleitung, November 1939

Noch im November 1939 wurden die Fundamente und Heizkanäle für die ersten Baracken betoniert.

Abbildung 12: Arbeiter beim Betonieren, November 1939

Abbildung 13: Betonieren der Decke der Absonderungsbaracke, Nov. 1939
(hinten rechts: St.Lorenz, hinten links das frühere Wohngebäude)

Im Winter 1939/40 wurden die Bauarbeiten durch den Schnee stark behindert.

Abbildung 14: Eingeschneite Baustelle, Dezember 1939

Abbildung 15: Bauführer Stumpf beim Nachmessen der Schneehöhen, Dezember 1939

Damit weitergearbeitet werden konnte, wurden die Schneemassen mühsam beseitigt.

Abbildung 16: Freilegen der Barackenteile und Barackengrundflächen vom Schnee, Dezember 1939

Durch den Frost wurden an den bereits betonierten Heizkanälen und Barackensockeln Schäden verursacht.

Abbildung 17: Frostschaden an einer Heizkanalwand, März 1940

Im Frühjahr 1940 mussten die Frostschäden dann behoben werden.

Abbildung 18: Abbrechen des abgefrorenen Betons; März 1940

Auf dem Gelände entstanden insgesamt 27 Gebäude, wovon heute noch 14 vorhanden sind. Der Bau der Bunker und des unterirdischen Operationssaals erfolgte im Jahre 1942.

Die Mehrzahl der Baracken waren genormte Baracken, hergestellt aus Fertigteilen. Sie bestanden in der Breite aus 10 Achsen, in der Länge aus 30 Achsen á 1,25 m. Die Gesamtbreite betrug 12,85 m, die Länge 37,68 m und die Firsthöhe 4,10 m. Jede dieser Baracken (mit Ausnahme der Bäder- und Operationsbaracke) hatte eine Gesamtfläche von ca. 430 qm.

Für jede Baracke wurde zunächst eine Umfassungswand als Fundament, sowie ein zentraler Heizkanal aus Beton hergestellt.

Abbildung 19: eingeschalte Umfassungs- und Heizkanalwände, März 1940

Darauf wurde die Bodenplatte betoniert.

Abbildung 20: Fertiger Sockel der Verwaltungsbaracke, November 1939

Auf diesem Sockel wurden dann zunächst die Wandelemente aufgestellt, ...

Abbildung 21: Aufstellen der Krankenbaracke 5, April 1940

... quer darüber die Dreiecksbinder für das Dach montiert, ...

Abbildung 22: Aufschlagen der Krankenbaracke 3, Januar 1940:

... und darauf die Lattung, Dachschalung und Eindeckung aufgebracht.

Die Innenwände der Holz-Elemente wurden mit Bimsplatten ausgemauert, der Boden erhielt einen Kunststoff-Belag aus so genannten Zefasitplatten.

Abbildung 23:
Ausmauern der Innenwände
mit Bimsplatten, März 1940

Und auch damals gab es "Pfusch am Bau" (die Bildunterschrift stammt von der Bauleitung):

Abbildung 24:
Zefasitplattenboden in
Krankenbaracke 6, zu
beachten ist die mangel-
hafte Haftfestigkeit bzw.
das schlechte Ausgießen
der Klebemasse,
Mai 1940

Abbildung 25: Kanalisationsarbeiten, Januar 1940

Abbildung 26: Einfüllen der Abwasserleitung neben der Reserve-Baracke,
Januar 1940

Als einzige der Baracken waren die Bäder- und die Wirtschaftsbaracke zum Teil unterkellert:

Abbildung 27: Unterkellerung der Bäderbaracke (Apothekenkeller), März 1940

Abbildung 28: Blick über Deckenarbeit bei der Bäderbaracke in nordöstlicher Richtung, April 1940

Abbildung 29: Straße zwischen Bauleitungsbaracke (rechts)- und Operationsbaracke (links), Juni 1940

Abbildung 30: Mannschafts-, Offiziers- und Schwestern- Unterkünfte, April 1940

Zur Beheizung der Gebäude wurde das zentrale Heizhaus errichtet.

Abbildung 31: Blick auf das Heizhaus,
im Vordergrund Grabarbeiten für die Wäschereibaracke, Mai 1940

Abbildung 32: Heizhausdeckenschalung mit Blick gegen Wache, April 1940

Abbildung 33: Unterzug beim Fuchs im Heizhaus (Kesselraum), März 1940

Abbildung 34: Blick vom Heizhaus – im Vordergrund Krankenbaracken 5 und 6, früheres Wohngebäude, im Hintergrund Krankenbaracken 1, 2, 3, April 1940

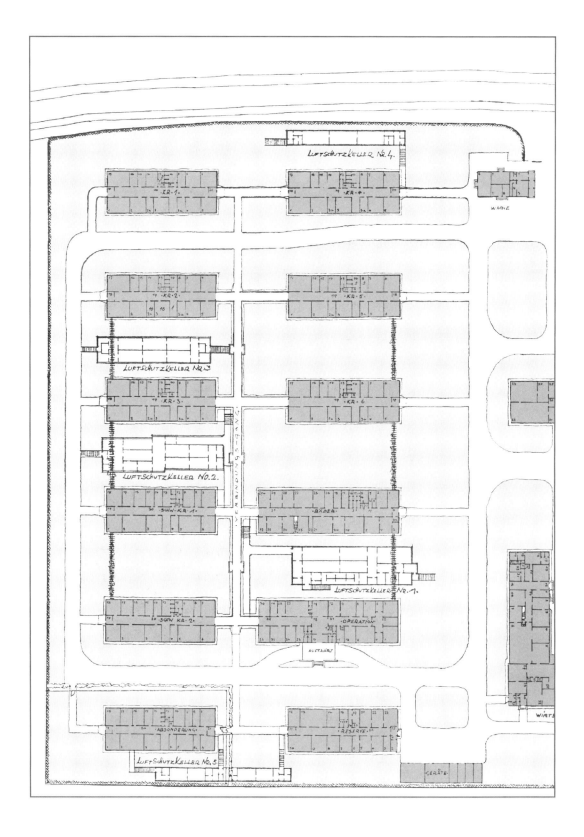

32

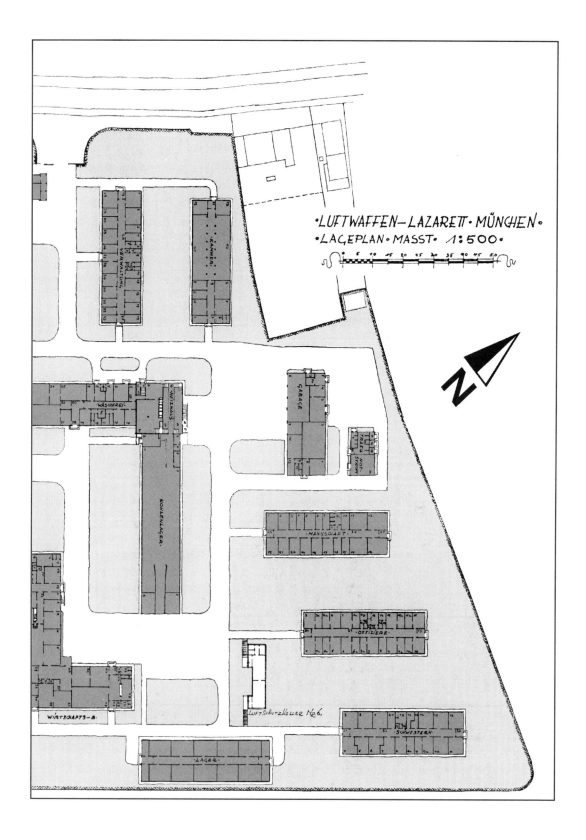

•LUFTWAFFEN–LAZARETT•MÜNCHEN•
•LAGEPLAN•MASST• 1:500•

Abbildung 35: Einfahrt mit Wache, im Hintergrund Wirtschaftsgebäude. Juni 1940

Abbildung 36: Wache, Juni 1940

Betrieb des Luftwaffenlazaretts

KARIN BERNST

Aus der Chronik des Pfarrers Ludwig Attenberger von St. Lorenz, 1941

„Schon seit Monaten wurde eifrig gearbeitet, um das neue Luftwaffen-lazarett beim Südeingang des Dorfes fertig zu stellen. Im April kamen die ersten Patienten, die von Schwestern vom Roten Kreuz betreut werden. Am 27.4.1941 wurde im Gemeinschaftsraum der erste Gottesdienst gehalten. Obwohl für die Luftwaffe eine Seelsorge nicht vorgesehen ist, zeigte Oberst-Arzt Dr. Benz doch größtes Wohlwollen, als ich mit dem evangelischen Pfarrer Henninger mich bei ihm vorstellte und wir unsere seelsorgliche Betreuung anboten. Auch die Oberschwester Melanie und die Stationsschwestern sagten ihre Unterstützung zu, besonders uns zu benachrichtigen, wenn Patienten uns wünschten oder wenn einer in Lebensgefahr käme. Am Tag vor dem Hl. Abend war eine Weihnachts-feier, bei der der evangelische Pfarrer und Unterzeichneter abwechselnd in den einzelnen Baracken Ansprachen hielten. Da an der Feier auch die Partei teilnahm - Ortsgruppe und Frauenschaft - hat man es dem Chef arg verübelt, daß Geistliche da das große Wort führen durften. Am Hl. Abend hielt ich abends 5 Uhr eine recht gut besuchte Christmette. Bis zum Jahresende sind im Lazarett 17 Soldaten unseres Glaubens gestorben, von denen 14 sind versehen worden."

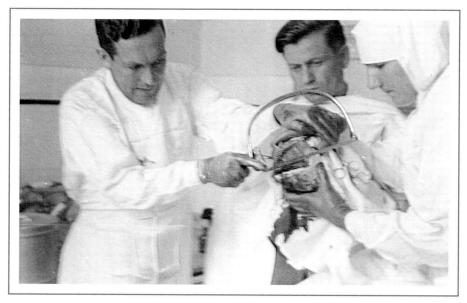

Abbildung 37: Operation im Luftwaffenlazarett

Abbildung 38: Die Operationsbaracke (links), vermutlich Winter 1940/41

Abbildung 39: Feier der 100sten Blinddarmoperation

Portrait der Rotkreuzschwester Hedwig Burgard

DIETER VÖGELE

Am 28. März 1931 begann Hedwig Burgard (*3.Oktober 1901 in Würzburg) ihre Ausbildung als Lernschwester beim Roten Kreuz in München. Die Ausbildung dauerte bis zum 30. September 1933 und am 1. Oktober 1933 fing ihr Dienst als Berufsschwester im Standortlazarett München an. Ihr Schwesternname lautete von nun an Karmelita. Mit Kriegsbeginn gab sie ihre Tätigkeit an der Poliklinik in München auf und begab sich zum mobilen Wehrmachtseinsatz, der vom 29. August 1939 bis zum 31. Oktober 1940 dauerte und sie nach Frankreich und Polen führte.

Am 1. November 1940 trat sie ihren Dienst im Luftwaffenlazarett Oberföhring an. Der dauerte bis zum 20. Februar 1945. Im Laufe ihrer Dienstzeit wurde Schwester Karmelita an verschiedenen Krankenhäusern eingesetzt.

Am 6. Oktober 1972 verstarb sie im Krankenhaus Harlaching.

Abbildung 40: Schwester Karmelita

Abbildung 41: Zimmer im Schwesternhaus, Blick zum Fenster

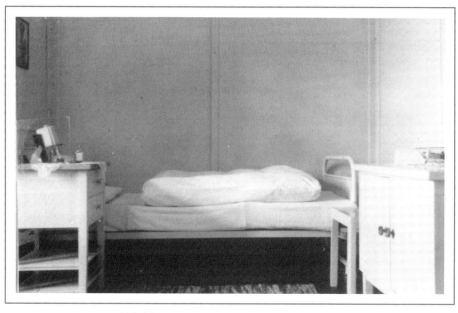

Abbildung 42: Zimmer im Schwesternhaus

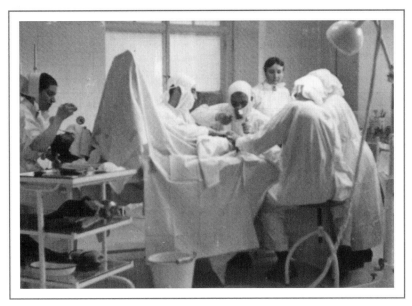

Abbildung 43:
Operation im Lazarett
Oberföhring

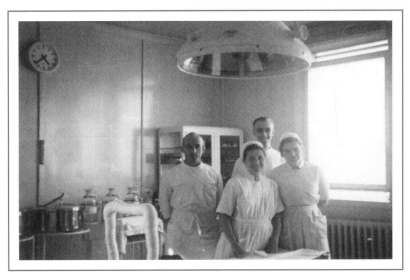

Abbildung 44:
Schwestern und Ärzte
im Operationssaal

Geschichten zum Lazarett

DIETER VÖGELE

Fritz Thaller (* 1933), erinnert sich an die Zeit nach der Belegung des Luftwaffenlazaretts, als die ersten verwundeten Soldaten eingeliefert wurden: Der Lehrer der Oberföhringer Schule verlas die Aufforderung, dass es gewünscht sei, wenn Kinder mit selbst gepflückten Blumen die verwundeten Soldaten besuchten.

Der Sturz – Werner Obermeier

Im Winter 1943/44 war Werner Obermeier der einzige Junge in Oberföhring, der im Besitz von Skiern war. Ganz einfache Buchenbretter, die sein Vater von irgendwoher und mit irgendetwas eingetauscht hatte. Im Winter durften sich alle Buben anstellen und so kam die männliche Jugend von Oberföhring in den Genuss der Schussfahrt vom Schlossberg runter zum Brunnbach.

Was ihm schon seit einiger Zeit auffiel, war ein verrosteter Gurkeneimer, der einsam am Hang stand. Für einige war dieser Blecheimer ein Tor, um das man herum wedelte, wenn man es konnte. Werner fasste seinen Mut zusammen und fuhr im Schuss auf den Gurkeneimer zu, in der Meinung, dass dieser leer sei. Aber der Eimer gab nicht nach, sondern bremste abrupt die Schussfahrt von Werner: Er war über einen Baumstumpf gestülpt, um diesen zu entschärfen. Werner war zwar kein Artist, aber er schlug plötzlich einen doppelten Salto und blieb mit höllischen Schmerzen am verschneiten Hang liegen.

Seine Spezln legten ihn auf einen Schlitten und zogen ihn ins Lazarett. Nach dem langwierigen Aufnahmeprozedere wurde er von einem Arzt untersucht und geröntgt. Es wurde ein Schlüsselbeinbruch diagnostiziert. Werner bekam nur ein einfaches schwarzes Dreieckstuch um die lädierte Schulter gebunden und die Sache war erledigt.

Desch Aug isch hi – Adolf Riedmeier

Adolf Riedmeier wurde 1937 zur Wehrmacht – Luftwaffe eingezogen. Nach seiner militärischen Ausbildung flog er eine ME 109. Am 12. Mai 1942 veränderte sich das Leben von Adolf Riedmeier plötzlich von einer Sekunde zur anderen: Bei der Unterstützung deutscher Panzer aus der Luft auf der Halbinsel Krim stießen russische MiGs auf die Gruppe um Feldwebel Riedmeier. Dieser bekam einen Treffer ab, konnte aber notlanden.

Als ihn der herbeigeeilte Arzt am Flugfeld noch in der Pilotenkanzel untersuchte, drang ein sehr breiter schwäbischer Dialekt an sein Ohr: „Des eune sog i da Buaa, desch Aug isch hiii". Ein Geschosssplitter hatte ihn an der rechten Schläfe getroffen und war von hinten bis an die Netzhaut des rechten Auges gedrungen, welches sofort erblindete.

Im deutschen Reich gab es drei Krankenhäuser, die auf Operationen am Auge spezialisiert waren. Berlin, Köln und München - Oberföhring. Es gelang Adolf Riedmeier, hierher verlegt zu werden, wo ihn Oberarzt Dr. Mlotti operierte. Nach dem Krieg ließ er sich in Oberföhring nieder.

Das Lazarett bei Kriegsende

Karin Bernst

Bei Kriegsende wurde ein untergetauchter KZ-Arzt aus Dachau im Lazarett aufgefunden und von den Amerikanern inhaftiert. Auch anderen Personen diente das Krankenhaus bei Kriegsende als Unterschlupf. Trafen sich hier "alte Nazis", "Mitläufer" und Leute aus dem Widerstand? In einer Gedenkschrift über die Widerstandsgruppe "Freiheits-Aktion-Bayern" aus dem Jahr 1970 wurde die Situation rückblickend so beschrieben: „... die Lazarette sich mit echten und mit Scheinkranken füllten, keineswegs aber – außer im nachträglichen Grollen gegen die Leute des Widerstandes – sich der Mut fand, der angeblichen eigenen Überzeugung mit der Tat ein Beispiel zu geben."

Dieter Wagner schrieb in seinem Buch "München 45 zwischen Ende und Anfang": „Vor den wütenden NS-Größen konnte keiner mehr sicher sein. Auch der Verbindungsoffizier der Luftwaffe beim Reichsverteidigungskommissar, Dr. Anton Ernstberger, hatte das im Gauleiterbunker zu spüren bekommen. Am Nachmittag war er kurz verhaftet und nur auf Vermittlung des anwesenden NS-Organisationsleiters Förtsch wieder freigelassen worden. Jetzt suchte er das Weite: Er versteckte sich im Luftwaffenlazarett in Oberföhring."

Aus der Chronik des Oberföhringer Pfarrers Ludwig Attenberger

25. Juli 1945

„Nachdem im Bernheimer Schloß (in nächster Nähe der Kirche) die SS, die dort seit 2 Jahren hauste, Ende April abgezogen war, wurde es schnellstens zu einem Lazarett umgestaltet und auf dem Schloß und auch auf dem Kirchturm die Rote Kreuz Fahne gehisst. Diesem "Umstand" und dem energischen Vorgehen unserer beiden Chef-Ärzte gegen eine SS-Truppe, die noch am Montag in der Nähe der Kirche Geschütze aufstellte und Oberföhring verteidigen wollten, ist es zu verdanken, dass der Einmarsch der Amerikaner ohne Blutvergießen und ohne Beschuss erfolgte. Lediglich die Brücke zwischen Oberföhring und Unterföhring wurde gesprengt mit dem traurigen Erfolg, dass die Verwundeten nicht in unser Lazarett unmittelbar gebracht werden konnten. .... Im Lazarett starben in diesen Tagen 7 schwer Verwundete; sie wurden im Waldfriedhof beigesetzt. .... Die 2 Lazarette stehen unter amerikanischer Bewachung. Die Seelsorge ist ungestört. Im Schloß-Lazarett waren in den letzten Wochen nur Italiener untergebracht, die jetzt in die Heimat gekommen sind – es soll jetzt Civil Krankenhaus werden. In der Kaserne sind noch viele Litauer, die jetzt jeden Sonntag durch einen litauischen Geistlichen Gottesdienst haben."

Die Amerikaner vor und in München

Dieter Vögele

Die 7. US Armee unter dem Befehl von General Alexander M. Patch rückte Ende April 1945 aus dem Raum Mannheim über Würzburg und Aschaffenburg kommend nach Bayern vor. Am Sonntag, dem 29. April, eilte das Gerücht durch die Stadt: die Amerikaner kommen! In der darauf folgenden Nacht am Montag, dem 30. April, um ca. 3:00 traf ein von Panzern gesicherter Stoßtrupp von 100 Mann in der Stadt ein. Sie folgten der Route Oberföhring, Ismaninger Straße zum Prinzregentenplatz 16, wo Hitler im zweiten Stock eines Mietshauses eine Wohnung hatte. Hier richteten sie ihren Gefechtsstand ein. Heute ist dort die Polizeiinspektion 22 untergebracht.

Ein alter Oberföhringer erinnert sich an die Reaktion des Leiters des Polizeireviers von Oberföhring, Herrn Pelzer:

> „Der erinnerte sich wohl an die Flugblätter, welche die Amerikaner abgeworfen hatten. Er richtete eine weiße Fahne her, zog seine beste Uniform mit den dazugehörenden Orden an und trat so als Parlamentär den einmarschierenden Amerikanern entgegen. Er wurde nicht gerade freundlich empfangen. Schuld an der Reaktion waren die Orden an seiner Brust, welche noch mit dem Hakenkreuz verziert waren. Er wurde kurzerhand festgenommen und auf einen Lkw geladen. Dieser brachte ihn noch am selben Tag in ein Gefangenenlager bei Bad Aibling, wo er bis zum Juli 1945 inhaftiert blieb.“

Ausdehnung des Krankenhauses auf weitere Oberföhringer Gebäude

Karin Bernst

Im Jahre 1940 hatte die "Arno Fischer Forschungsstätte GmbH" den gesamten Besitz von Ernst Bernheimer in Oberföhring, die zwei Schulgebäude (das alte Schulhaus und das Schulnebenhaus) und den Wasserturm gekauft.
Noch zu Beginn des Jahres 1945 wurde das Luftwaffenlazarett auf das Bernheimer Schloß ausgeweitet und nach dem Krieg hier als Ausweichkrankenhaus weitergeführt.

Gegen Ende des Jahres 1945 kam das ehemalige Luftwaffenlazarett als "Städtisches Krankenhaus Oberföhring" unter deutsche Verwaltung (Chefarzt: Dr. Bucerius, Verwaltungsinspektor: Waldmann).

Auch das Schulnebenhaus, Muspillistraße 23, nahm man für das städtische Krankenhaus Oberföhring mit in Beschlag. Hier waren die Verwaltung, die Pforte, ein Röntgenraum und Schlafräume für die Schwestern untergebracht.

Die Baracke, die sich zwischen den beiden Schulhäusern befand, wurde für den Küchenbetrieb genutzt.

Ab 1947 bemühte sich die Stadt München um Rückführung der beiden Schulhäuser und die Wieder-verwendung des Schulnebenhauses für Schulzwecke. Die Gebäude be-fanden sich noch unter vermögens-rechtlicher Betreuung der Militär-regierung.

Anfang des Jahres 1949 wurde das Krankenhaus im Bernheimer Schloß aufgelassen und in ein städtisches Altersheim umgewandelt.

Abbildung 45: Doktor Bucerius

Die ärztliche Versorgung in Oberföhring

DIETER VÖGELE

Ein Name ist in Oberföhring wohl bekannt. Es handelt sich um Frau Else Reinhard, die in Oberföhring in den 1920er und 1930er Jahren als Hebamme fungierte und so manchem Mädchen und Buben auf die Welt half. Frau Reinhard wohnte im ehemaligen Pernerhof, heute An der Schanze 1. Doktor Bucerius, der im Luftwaffenlazarett arbeitete, hatte sich unmittelbar nach dem Zweiten Weltkrieg im Pernerhof als erster Arzt in Oberföhring ansässig gemacht. Bis zu diesem Zeitpunkt musste man entweder nach Denning oder Bogenhausen fahren, um ärztliche Hilfe in Anspruch zu nehmen. So war man froh, endlich einen eigenen Arzt im Ort zu haben.

Das Städtische Krankenhaus Oberföhring

KARIN BERNST

Nach dem Ende des Zweiten Weltkriegs stellte sich die Situation der Krankenversorgung in München so dar:

8. Juli 1945: Das Schwabinger Krankenhaus, das mit 1600 Betten größte Krankenhaus der Stadt, wird von der Besatzungsmacht als Armee-Hospital übernommen.

30. August 1945: Bericht über die Gesundheitslage der Stadt (Obermedizinalrat Dr. Schätz):

> von den 1700 Kalorien, die für einen ruhenden Menschen gefordert sind, bekommt er gegenwärtig nur 1180;
>
> Epidemien wie die Typhusepidemie von 200 Fällen, vorwiegend unter Ausländern in Allach, konnten gebannt werden; eine mit 84 Fällen besteht noch in Dachau; die Ruhr konnte eingedämmt werden, Diphtherie und Scharlach halten sich in Grenzen;
>
> die allgemeine Stadthygiene bereitet Schwierigkeiten, weil die Müllabfuhr bis vor kurzem beeinträchtigt war; ein drohendes Gespenst ist die Tuberkulose, mit etwa 3000 Fällen muss gerechnet werden, monatlich kommen etwa 100 hinzu;
>
> die Geschlechtskrankheiten nehmen zu, im städtischen Krankenhaus in der Dietlindenstraße müssen 200 Betten bereitgehalten werden;
>
> nur 13 kleinere der insgesamt 42 Hilfskrankenhäuser außerhalb der Stadt konnten bisher aufgelöst werden;
>
> die vier Münchner Krankenhäuser sind weitgehend beschädigt, das Schwabinger ist beschlagnahmt; die Stadt verfügt z.Z. über etwa 3000 Betten in der Stadt selbst und über etwa 3300 außerhalb der Stadt;
>
> die Zahl der Todesfälle übersteigt die Zahl der Geburten um wöchentlich 35;
> die Zahl der Selbstmorde mit 2 pro Woche ist nicht auffallend;
>
> die ärztliche Versorgung ist gewährleistet: 911 Ärzte sind in München tätig, davon 500 in der freien Praxis.

Die Anfänge des Krankenhauses Oberföhring

Das Oberföhringer Luftwaffenlazarett war bei Kriegsende das einzige voll funktionsfähige Krankenhaus in München. Die ehemaligen Soldaten wurden entweder als gesund entlassen oder in Ausweichkrankenhäuser außerhalb der Stadt verlegt. Zum Ende des Jahres 1945 ging der Krankenhausbetrieb in städtische Verwaltung über. Die Baracken wurden verputzt, isoliert und modernisiert. Jede Baracke war für sich eine geschlossene Einheit: acht Zimmer mit je einem Waschbecken und im Normalfall 3 - 4 Betten (24 Betten pro Baracke), ein Bad und ein Schwesternzimmer. Einige Zimmer hatten bis zu 7 Betten. Die gesamte

Bettenzahl des Krankenhauses im Jahr 1983: 228. In diesem Jahr wurden die Patienten von ca. 40 Ärzten und 128 Schwestern betreut. Die Bunker durften nicht benutzt werden, sie mussten freigehalten werden, nur die Röntgenabteilung durfte ein Archiv anlegen.

Auf dem Gelände gab es neben den Krankenbaracken eine Werkstatt mit Schreinerei, Schlosserei und einem Elektriker sowie eine eigene Gärtnerei. Hier wurde anfänglich auch noch ein Schwein gehalten, ernährt von den Küchenabfällen. Im Jahre 1956 verfügte das Krankenhaus laut Jahresbericht über 452 Betten; ca. 5000 Patienten wurden in diesem Jahr betreut. Für die BRK-Schwestern errichtete man auf dem Gelände eine Schwesternunterkunft; es konnten dort rund 30 Schwestern, überwiegend in Einzelzimmern, wohnen. Die beiden Operationssäle wurden im Jahre 1957 mit einem Kostenaufwand von 250.000 DM umgebaut und erweitert.

Abbildung 46: Besuchereingang, 1983

In den 1960er Jahren wurden die Besuchszeiten noch sehr streng gehandhabt. Sie waren auf einem Schild beim Besuchereingang angegeben:

Besuchszeiten: täglich von 15 bis 16 Uhr und von 18 bis 19 Uhr

Bis sie eingelassen wurde, konnten die Besucher in einem Warteraum neben dem Pförtnerhäuschen warten

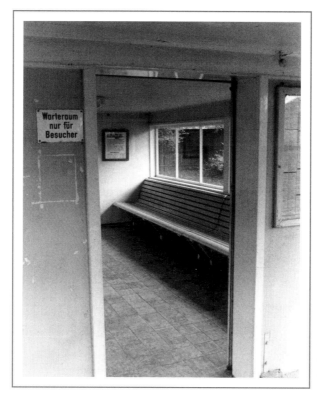

Abbildung 47: Der Warteraum für Besucher, 1983

Kinder durften von den Eltern, die dafür einen eigenen Besuchserlaubnisschein erhielten, auch zu anderen Zeiten besucht werden.

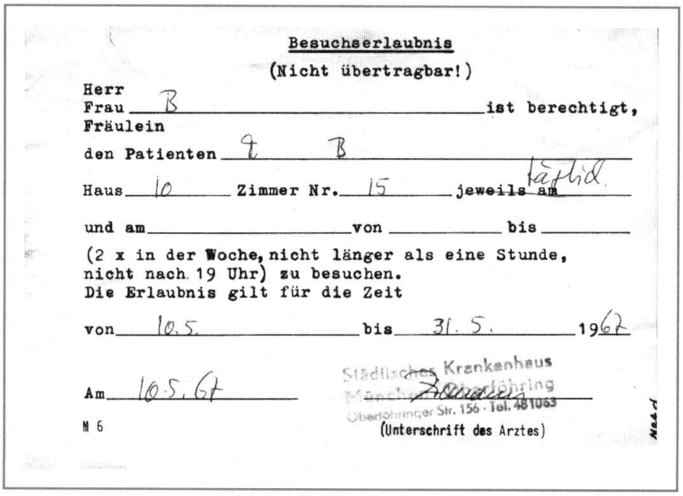

Besuchserlaubnis

(Nicht übertragbar!)

Herr
Frau B ist berechtigt,
Fräulein

den Patienten ? B

Haus 10 Zimmer Nr. 15 jeweils ~~am~~ täglich

und am ____ von ____ bis ____

(2 x in der Woche, nicht länger als eine Stunde, nicht nach 19 Uhr) zu besuchen.
Die Erlaubnis gilt für die Zeit

von 10.5. bis 31.5. 1967

Am 10.5.67

Städtisches Krankenhaus
München-Oberföhring
Oberföhringer Str. 156 · Tel. 481063
(Unterschrift des Arztes)

M 6

Abbildung 48: Besuchserlaubnis

Die Rettungswache Nordost

KARL SEEGERER

Am 30. März 1966 ist zum ersten Mal ein für diese bis dahin unbekannte Dienstaufgabe fest eingeteilter "Notarzt" der Chirurg. Universitäts-Poliklinik an der Pettenkoferstraße mit der Berufsfeuerwehr zu einer Unfallstelle ausgerückt. Ein in der Hauptfeuerwache an der Blumenstraße stationierter Funkdienstwagen fuhr zur nahe gelegenen Poliklinik, holte dort den über Funk alarmierten Arzt ab und brachte ihn zum Einsatzort, zu dem unabhängig davon ein Rettungswagen unterwegs war.

Erst Ende des Jahres 1967 verfügte die Berufsfeuerwehr über einen ersten "richtigen" Notarztwagen, um das Abholsystem abzulösen. Mangels geeigneter Unterstellmöglichkeiten musste er allerdings noch geraume Zeit samt dem Dienst habenden Arzt nachts in der Hauptfeuerwache stationiert werden.

Nicht nur bei den bis dahin allein im Rettungsdienst tätigen Organisationen, auch in Ärztekreisen und nicht zuletzt in der Bevölkerung waren Vorurteile über Vorurteile zu überwinden, weil man vielfach immer noch im möglichst raschen Abtransport eines Patienten in die nächstgelegene Klinik seine optimale Versorgung sah.

Die Einsatzzahlen im Notarztdienst stiegen sprunghaft an, (151 Fälle im ersten Jahr seines Bestehens, 313 dann im zweiten und bereits mehr als 1450 im dritten), so dass sich die Branddirektion veranlasst sah, mit Nachdruck die Einrichtung weiterer Notarzt-Standorte im Stadtgebiet zu betreiben.

Angesichts der angedeuteten erheblichen Anfangsschwierigkeiten erwies sich jedoch die Suche nach einem zweiten Stützpunkt, möglichst einem Krankenhaus unter städtischer Regie, als ausgesprochen schwierig. Der Durchbruch gelang dann in Oberföhring: Chefarzt Dr. Dr. Snopkowski ließ sich trotz aller Vorbehalte und bürokratischen Hemmnisse für den von der Branddirektion angeregten Versuchsbetrieb gewinnen.

Immerhin schon am 28. Mai 1968 konnte bei der Chirurgischen Abteilung des Oberföhringer Krankenhauses der zweite Münchner Notarztwagen (NAW Nordost) in Dienst gestellt werden, zunächst mit einem vom Bundesverkehrsministerium dem Präsidium des Deutschen Roten Kreuzes in Bonn überlassenen Versuchsfahrzeug.

Das Bild zeigt den elfenbeinfarbig lackierten Opel-Blitz mit Bonner Kennzeichen und dem Emblem des Roten Kreuzes auf der Motorhaube, den die Branddirektion mit einiger Mühe beim DRK-Präsidium hatte loseisen können, um die Zeitspanne bis zur Auslieferung eines stadteigenen Fahrzeugs zu überbrücken.

Abbildung 49: Der elfenbeinfarbig lackierte Opel-Blitz mit Bonner Kennzeichen und dem Emblem des Roten Kreuzes auf der Motorhaube

Ab dem 1. September 1969 stand dann endlich das mit dem Notarztwagen der Chirurgischen Universitäts-Poliklinik ("NAW Mitte") baugleiche Gefährt vom Typ "München" zur Verfügung.

Dieser zweite Münchner Notarztwagen war von Anfang an im Krankenhaus Oberföhring stationiert und rückte von dort direkt zum Einsatzort aus.

Abbildung 50: Der alarmbereite "Jumbo" in seiner Baracken-Garage auf dem Areal des Krankenhauses München Oberföhring.

Oberföhring wird Lehrkrankenhaus

Karin Bernst

Ab dem 1.10.1980 konnten in Oberföhring 12 Medizinstudenten ausgebildet werden, 4 im Bereich Innere Medizin, die übrigen im Bereich Chirurgie. Die Studenten erhielten einen Unterrichts- und Aufenthaltsraum und konnten die Fachbibliotheken der Abteilungen mitbenützten. Der Staat finanzierte einen Arzt pro 8 Studierende sowie einen Teilzeit beschäftigten medizinisch-technischen Assistenten und eine Schreibkraft. Je Student erhielt das Krankenhaus pro Jahr zusätzlich DM 800,- als Aufwandsentschädigung. Auch die Kosten für neue Einrichtungsgegenstände, Lehr- und Unterrichtsmaterial zahlte der Staat.

Abbildung 51: Die Verwaltungsbaracke, 1979

Abbildung 52: In der Küche, 1979

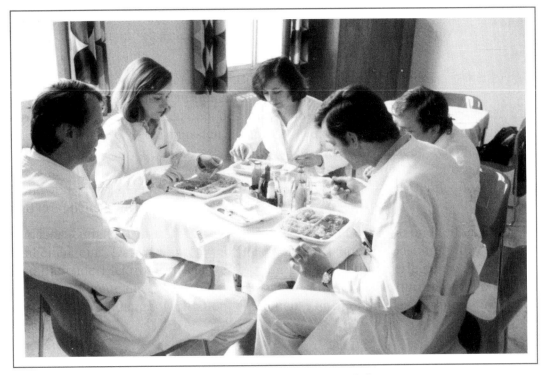

Abbildung 53: Im Speiseraum, 1979

Ärzte im Krankenhaus Oberföhring

1946/47 -1954   Chefarzt Professor Störmer, aus Dresden

die Chefärzte der Inneren Medizin:

1954 - 1965   Chefarzt Professor Dr. Bergstermann
1965 - 1979   Chefarzt Dr. Eberhard Kautzsch
1979 -   Prof. Dr. Karl Dietrich Hepp

die Chefärzte der Chirurgie

bis 1966   Chefarzt Dr. Scherer
ab 1967 -   Chefarzt Dr. Dr. Simon Snopkowski

Unter den Chefärzten Professor Dr. Karl Dietrich Hepp, und Dr. Dr. Simon Snopkowski, erfolgte 1983 der Umzug ins neu erbaute Klinikum Bogenhausen.

Abbildung 54:
Dr. Eberhard Kautzsch

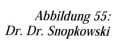

Abbildung 55:
Dr. Dr. Snopkowski

51

Dr. Dr. Simon Snopkowski

Der bekannteste Arzt am Oberföhringer Krankenhaus war wohl Dr. Dr. Simon Snopkowski. Die Bekanntheit verdankte er weniger seiner ärztlichen Tätigkeit, als seiner Funktion als Präsident des Landesverbandes der Israelitischen Kultusgemeinden in Bayern.

Dieter Vögele

Simon Snopkowski wurde am 23.06.1925 in der polnischen Kleinstadt Myschkow als jüngstes von vier Kindern geboren. Seine Mutter starb ein Jahr nach seiner Geburt, und nachdem sein Vater wieder geheiratet hatte, folgten noch zwei Geschwister.

Schon zur Schulzeit hatte er den Wunsch, Arzt zu werden. Ohne das Wissen seiner Eltern bewarb er sich 1935 erfolgreich um ein Stipendium am jüdischen Gymnasium in Tschenstochau.

Bei Beginn des Zweiten Weltkriegs, 1939, meldete sich Simon Snopkowski mit seinem Bruder als Freiwilliger bei der polnischen Armee. 1942 wurde er verhaftet und musste bis zu seiner Befreiung durch die Rote Armee 1945 in mehreren Arbeits- bzw. Konzentrationslagern härteste Zwangsarbeit verrichten. Von seinen fünf Geschwistern - drei Brüder und zwei Schwestern - überlebte nur sein ältester Bruder Chaim den Holocaust.

Im Sommer 1945 kam er als Displaced Person zunächst nach Landsberg. Während die meisten das Land verlassen wollten, verwarf er diesen Gedanken und blieb in München. Hier studierte er Zahn- und Humanmedizin und wurde Chirurg.

1955 begann seine berufliche Laufbahn als Assistenzarzt im städtischen Krankenhaus rechts der Isar. 1962 heiratete er seine Frau Ilse, die die von ihm gegründete "Gesellschaft zur Förderung jüdischer Kultur und Tradition" leitet.

Später war er als Chefarzt am Krankenhaus Oberföhring tätig, mit dem er 1984 ins neu erbaute Klinikum Bogenhausen umzog, wo er noch bis 1987 tätig war.

1997 erreichte er den Abschluss eines Staatsvertrages mit dem Freistaat Bayern, der die rechtliche Gleichstellung der jüdischen Glaubensgemeinschaft mit der katholischen und der evangelischen Kirche in Bayern regelt.

Am Sonntag, 2. Dezember 2001, verstarb Simon Snopkowski nach längerer Krankheit.

Erinnerungen an das Krankenhaus Oberföhring

Simon Snopkowski

In seinem Buch „Zuversicht trotz allem" schreibt Dr. Dr. Simon Snopkowski :

„1966 hat mich die Stadt München zum Chirurgischen Chefarzt im Krankenhaus Oberföhring berufen. Durch die exzellenten Lehrjahre im Städtischen Krankenhaus rechts der Isar war ich bestens gerüstet, nun selbst die Verantwortung in einer Klinik zu übernehmen. Von Anfang an war es mir wichtig, im Team zu arbeiten und unter den Ärzten und Schwestern für ein Arbeitsklima Sorge zu tragen, das optimal ist. Mir lag daran, dass Oberföhring sich mit den anderen Münchner Kliniken messen konnte und ich setzte alles daran, dass das Krankenhaus einen zeitgemäßen medizinischen Standard hatte, trotz gewisser baulicher Mängel des Barackenbaus."

Hans-Jürgen Groebner

Das Krankenhaus war eigentlich ein Dauerprovisorium. Die damaligen Bedingungen machten es mitunter schwierig, den OP auszurüsten und steril zu bekommen. Ich war dort als Medizinalassistent (1971/1972) tätig – in der Hierarchie also ganz unten, was die Ärzteschaft betrifft. Als ich damals frisch nach München kam, fand ich es sehr schön, in einer Klinik mit kleinen Einheiten zu landen und nicht in einer Großklinik. Man begegnete sich unterwegs oder beim Essen. Und ich habe mit Dr. Kautzsch einen Chef gehabt, der fachlich und mit seiner väterlichen Art eine Atmosphäre schuf, die mir sehr gefallen hat.

Ich habe angenehme und originelle Erinnerungen an die Arbeit dort. ...... Aber die Räume waren nicht vergammelt. Ich erinnere mich an weiße Pappwände. Alles war sehr hellhörig. Ich kann mich auch noch erinnern, Patientinnen auf dem Gang untersucht zu haben, weil man es dort ein bisschen abgeschiedener hatte. Im Gang bedeutet nicht, dass dort dauernd Leute vorbeigingen, sondern es war in dieser kleinen Einheit eine Nische, die man hatte und wo man besser untersuchen konnte.

Das Areal hatte fast Dorfcharakter. Damals war die vorherrschende Farbe weiß, sowohl was die Mitarbeiter betraf als auch die Häuser. Es war ein richtig medizinisch geprägtes Areal. Was mir gut gefallen hat, waren die Wege zwischen den verschiedenen Häusern, wo man sich begegnen konnte, wo man im Winter fröstelnd von einem Haus ins andere kam. Damals war für uns klar, dass es für etwas Medizinisches wie eine Klinik nichts Dauerhaftes sein kann.

Was machte den Reiz des Oberföhringer Krankenhauses aus? Die Überschaubarkeit (300 Betten), die Nähe der Untersuchungsabteilungen wie Röntgen, Labor, Massage etc. Dazu ein toleranter Chef, der auch den Assistenzärzten Selbständigkeit und Eigenverantwortung ließ. Eine gute Zusammenarbeit der Abteilungen war dank der täglichen Besprechungen aller Abteilungen eine Selbstverständlichkeit geworden. Für den Patienten ein Genesen ganz im Grünen mit Vogelgezwitscher und Eichkätzchen auf dem Fensterbrett. Bei Personaleinstellungen wurde nicht nur nach der medizinischen Qualifikation geachtet, es wurde auch ein wenig nach den Neigungen gesehen. Vielleicht brauchte das Ärzteorchester ja wieder mal einen Cellisten oder eine Geige? Nach den Ferien wurde ein Nachmittag festgesetzt, an dem jeder über seine Urlaubserlebnisse berichten konnte. Dr. Franzmaier z.B. organisierte "Rotelreisen" mit Schwestern und Ärzten. Als er eine Reise nach Palmyra plante, meinte mein Mann, er müsse dann unbedingt auch nach Petra fahren. Dr. Franzmaiers Antwort: „dann kommen Sie doch mit und übernehmen die Führung". Das war der Anfang von vielen, langen "Rotelreisen". Alle 2 Jahre gaben wir für alle Ärzte des Hauses und ihre Ehefrauen in unserem Garten ein Sommerfest, das langsam am frühen Morgen seinen Ausklang nahm.

Zum 60. Geburtstag wurde mein Mann von einer Kutsche abgeholt und im Krankenhaus empfing ihn ein Schimpanse vom Tierpark Hellabrunn, eine Anspielung auf seine "Leberstanzentnahmen". Im selben Jahr war die 1. Lebertransplantation einer Affenleber auf einen Menschen. Es war immer eine herzliche Atmosphäre, ohne dabei die Kompetenzen zu schmälern.

Abbildung 56:
Dr. Kautzsch und der Schimpanse

Seelsorge im Krankenhaus

KARIN BERNST

Als Oberföhring städtisches Krankenhaus wurde, richtete man in der früheren Wäschekammer eine Kapelle ein, betreut von der Oberin Glut, mit einer evangelischen und einer katholischen Sakristei. 1965 feierte der Krankenhauspfarrer Heinrich Feigel hier jeden Sonntag für die evangelischen Christen einen Gottesdienst. Für die Katholiken war Kurat Dr. Josef Ammer zuständig; eine heilige Messe wurde am Sonntag und zweimal während der Woche gefeiert. Eine Zeit lang befand sich auch die letzte Station der Oberföhringer Fronleichnamsprozession auf dem Krankenhausgelände, aber seit wann genau, ist nicht belegt. Seit dem Jahre 1962 konnte die Prozession nicht mehr die Oberföhringer Straße benützen "wegen des ungeheuren Verkehrs"; durch die Cosimastraße ging man betend und singend zum Krankenhaus.

Im März 1963 verstarb ganz unerwartet Kurat Josef Ammer. Professor Bergstermann, damaliger Chefarzt des Krankenhauses, sprach aufrichtige Abschiedsgrüße am Grabe des hoch geschätzten Seelsorgers. Ab Mitte September übernahm Kurat Rudolf Hopfner das Amt, bis er Ende April 1965 dienstunfähig wurde. Als Ersatz kamen spanische Priester, die wenig deutsch sprachen, nach Oberföhring. Ab Oktober 1965 war dann Kurat Johann Hoffmann bis zur Auflösung des Krankenhauses für die Seelsorge zuständig.

Anekdoten aus der Krankenhauszeit

DIETER VÖGELE

Ein Blinddarm

Margit Thaller (*1938) erinnert sich an das Jahr 1950. Sie sollte bei der Fronleichnamsprozession im schneeweißen Kleid, das ihre Mutter aus einem Stück Vorhang geschneidert hatte, die Madonnenstatue tragen. Alles war in heller Aufregung: Sind die Schuhe geputzt? Sitzt die Bluse? Ist das Kleid gebügelt? Alles Sachen, die ein junges Mädchen, das so eine verantwortungsvolle Aufgabe übernehmen soll, ganz schön hernehmen.
Am Abend vor der Prozession bekam Margit plötzlich heftige Bauchschmerzen. Die Schmerzen wurden immer schlimmer. Nach einer schmerzhaften Nacht wurde durch die Mutter nach dem Arzt geschickt. Der diagnostizierte eine akute Blinddarmreizung, ein Krankenwagen wurde bestellt und mit Blaulicht und Tatütata ging es vorbei an der Fronleichnamsprozession, die bereits unterwegs war.

Sie versuchte, aus dem schmalen Fensterspalt rauszuschauen. Ihre Neugierde war groß, wer an ihrer Stelle die Madonna trug.

Die Schmerzen waren größer und so legte sie sich wieder zurück auf die Liege und wartete das Ankommen im Oberföhringer Krankenhaus ab, wo ihr nach Äthernarkose das unnütze Organ entfernt wurde.

Der erste Grüne

Erika Fuchs (*1927) kam während der Kriegswirren 1945 von Rumänien nach Deutschland. Sie und ihre Freundin Emmi landeten in München und fanden Arbeit im Krankenhaus Oberföhring. Von 1947 bis 1952 arbeitete sie als Hausmädchen im Kasino.

Als es einmal zu Mittag Spinat, Spiegelei und Salzkartoffeln gab, brachte Erika einem Oberarzt, der auch der zerstreute Professor genannt wurde, das Essen. Dieser war so in eine Zeitung vertieft, dass man neben ihm eine Kanone hätte zünden können, ohne dass er etwas mitbekommen hätte.

Abbildung 57:
Die Hausmädchen vor dem Casino

Von der Küche aus konnte sie dann beobachten, wie der Herr Doktor den unteren Rand der Zeitung durch den Spinat zog und dabei die grüne Speise auf seinem schneeweißen Arztkittel verteilte, ohne es zu merken. So gesehen war er der erste Grüne in Oberföhring.

Der Radi

Hubert Hohensee (*1927) wurde 1947 aus englischer Gefangenschaft nach München entlassen. Durch Vermittlung seines Bruders, der im Krankenhaus arbeitete, bekam er eine Stelle in der Krankenhausgärtnerei. Für 10 RM im Monat wurde ihm auch im Verwaltungsgebäude ein Zimmer zur Verfügung gestellt.

Eines Tages brauste er mit seinem Motorrad auf der Oberföhringer Straße. Bei der Gaststätte zur Post überfuhr er die weiße Linie. Der Dorfschutzmann stoppte ihn und verwarnte ihn mit einer Ordnungsstrafe von 3 Mark, was ihn sehr wurmte.

Am Nachmittag kam der strafende Polizist zu ihm in die Krankenhausgärtnerei und wollte unentgeltlich Radi für die Brotzeit holen. Aber diesmal drehte er ihm die hohle Hand entgegen. Auf den fragenden Blick der Amtsperson gab es die Erklärung: „Heute kosten die Radi 3 Mark", das war die Höhe der Geldstrafe. Mit zornigem Blick reichte ihm der Dorfgendarm die drei Mark und verließ grummelnd die Gärtnerei.

Waidmannspech

Das Krankenhaus hatte zwei Glashäuser in Betrieb, die mit der Fernwärme des Heizhauses versorgt wurden. In einem wurde der Blumenschmuck, hauptsächlich Rosen für die Blumenbeete, im anderen Gemüse für die Krankenhausküche gezogen.

Eines Abends kam Hubert Hohensee kurz vor Dienstschluss zur Kontrolle der Glashäuser. Es war kurz vor Weihnachten. Da erblickte er einen Feldhasen im Gemüsebeet, der sich an dem mit viel Mühe gezogenen Gemüse delektierte. Mit Geduld und einer Portion Glück gelang es ihm, des Hasen habhaft zu werden. Er wurde nicht ganz waidmännisch vom Leben zum Tode befördert, fachgerecht ausgeweidet und mit den Hinterläufen an einer Querstrebe aufgehängt.

Auf dem Heimweg meldete er die zusätzliche Bereicherung der Tafel Schwester Fortunata. Die hatte die Idee, zum Fest der Liebe den Hasen für einen ausgesuchten Kreis vom Koch zubereiten zu lassen.

Doch welch ein Schreck, als Hubert am nächsten Tag ins Gemüseglashaus kam: Der Hase war bis auf einen lose hängenden Hinterlauf verschwunden. Selbständig konnte er das nicht getan haben. Sein Blick fiel auf ein undefinierbares schwarzes Etwas, das seitlich in der Petersilie lag. Es war Rolf, der Anstaltshund. Um sein Maul waren noch feinste Fellreste festzustellen.

Hubert machte Meldung bei Schwester Fortunata und teilte den Verlust des Hasen mit. Zum Trost bekam er aber zum Fest eine Portion eines vorzüglich schmeckenden Sauerbratens und der Verlust war schnell verschmerzt.

Geräusche in der Nacht

Wenn Not am Mann war und der Bote, Herr Hauser, unabkömmlich war, sprang Hohensee ein. Mit seinem Motorrad machte er Botenfahrten zum Rathaus, zum Krankenhaus rechts der Isar oder er holte in der Stadtkasse die Lohngelder für die Angestellten und Arbeiter.

Eines Nachts wurde Hubert von der Wache angeklingelt, er möge doch zur Krankenbaracke 1 kommen. Schwester Helene hatte Nachtschicht und sollte über den Verbindungsweg zur Baracke 2 gehen. Als sie aber die Türe öffnete, drangen so unheimliche Laute an ihr Ohr, dass sie die Pforte alarmierte und um Unterstützung bat.

Die Pforte rief bei Hubert Hohensee an, der sich sogleich auf den Weg zu Baracke 1 machte. Dort angekommen, fand er eine ängstlich zitternde Schwester Helene vor. Sie deutete in das Gebüsch, woher die unheimlichen Geräusche gekommen waren.

Jetzt aber waren diese verstummt, nichts, aber auch gar nichts war zu hören. Nach einigen Minuten der absoluten Ruhe gingen die unheimlichen Geräusche wieder weiter. Der Handscheinwerfer wurde eingeschaltet und was war zu sehen? Zwei Igel, die Hochzeit feierten. Als Helene die sah, musste auch sie lachen. Sie setzte ihre Runde fort und Hubert konnte sich wieder zu Bett legen.

Der Boxkampf

Hubert Hohensee hatte in der Gefangenschaft das Boxen gelernt. Von einem Sattler bekam er einige Lederstücke. Er brachte diese an einem Kohlensack auf und füllte den Sack mit Sand und klein geschnittenem Stroh. Wann immer Gelegenheit war, trainierte er an dem Sportgerät.

Da kam zufällig ein Kollege vorbei, der zu verstehen gab, dass er auch boxen lernen wollte. Hohensee gab ihm Unterricht, bis sich der Kollege so stark glaubte, dass er einen Kampf mit Hohensee wagen konnte. Er ahnte nicht, dass Hohensee fast ein Profi war.

Nach einigen Trainingseinheiten war es dann so weit: Die Siegerprämie wurde festgelegt, Wetten wurden abgeschlossen, der Kampf war Tagesgespräch im Krankenhaus. Auf der Wiese wurde ein provisorischer Ring aufgebaut, ein alter Kochtopf diente als Gong, ein Schiedsrichter war schnell gefunden, Oberpfleger Marschall fungierte als Ringarzt.

Der Kollege trat Hohensee tapfer entgegen, lag aber schließlich doch k.o. im Ring respektive in der Wiese und hörte die Englein singen. Mit einem Schwall kalten Wassers aus einem Löscheimer wurde der Verlierer zurück in die Wirklichkeit geholt und bekam mit einiger Verzögerung seinen Anteil am Siegerbier.

Das ist Pflichtbewusstsein - oder das neue Getränk

Einer der wichtigsten Männer im Krankenhaus war der Heizer. Sein Dienst begann um 03.00 h früh, da um 05.00 h der Dienstbetrieb im Krankenhaus begann. Da brauchten die Küche, der OP und die Desinfektionsabteilung sowie die Wäscherei heißes Wasser. Und das lieferten die 6 Strebel-Kessel (gusseiserner Gliederkessel für Koks, erfunden um 1890 von Joseph Strebel).

Im Jahr 1949 trug sich Folgendes zu: Der damalige Heizer war Stammgast in der alten "Schloßwirtschaft", die gegenüber dem Krankenhaus auf der anderen Seite der Oberföhringer Straße lag. Dort verkehrten auch viele der in der Pionierkaserne untergebrachten Amerikaner.

Eines Abends kam unser Heizer in den Gastraum der Schloßwirtschaft und wurde gleich von den Amerikanern begrüßt und eingeladen. Anfänglich aus Gläsern, später gleich aus der Flasche wurde ein für ihn neues Getränk getrunken: Whisky.

Als der Heizer auf die Uhr blickte, blieb sein Herz fast stehen. Die Uhr zeigte 00.30 h. Schnellstens schlich er nach draußen, ging über die Straße und durch die Pforte. Im Gelände schlug er pflichtbewusst die Richtung zum Heizungshaus ein, doch der Pförtner sah ihn wanken und schwanken. Er telefonierte nach der Dienst habenden Schwester, die sich sofort pflicht-bewusst um den Heizer kümmerte. Anfänglich wollte Schwester Hedi ihn gleich in ein Krankenbett stecken. Doch der begehrte auf: „Mein Dienst beginnt um drei Uhr, ihr könnt mich doch nicht ins Bett stecken." Schwester Hedi nahm all ihre medizinischen Künste zusammen und mit Hilfe einer unterstützenden Schwester schafften sie es, dass der Heizer um 3:30 Uhr, allerdings etwas wackelig auf den Beinen, seinen Dienst antreten und den Heizkessel anheizen konnte. Pünktlich um fünf Uhr floss heißes Wasser.

Der Umzug nach Bogenhausen

Karin Bernst

„Kein Bock auf Bogenhausen" So hieß es im Stern, Nummer 47 im Jahre 1983. In diesem Artikel wird beschrieben, wie schwer sich damals Ärzte, Schwestern und Patienten vom Oberföhringer Barackenkrankenhaus trennen konnten. „Das schönste Krankenhaus Deutschlands ist das hier. Wenn ich die Augen aufmache und die Sonne scheint mir ins Gesicht und ich habe die frische Luft, dann geht's leichter", erzählte eine Patientin dem Reporter. Wenn anderenorts Klimaanlagen brummen und Neonlicht flimmert, kann man hier die Fenster weit öffnen. Haselnusssträucher strecken ihre Zweige fast ins Zimmer und Vogelgezwitscher macht Radioanlagen überflüssig. Die ursprünglich geplanten zehn Jahre Lebensdauer des Lazaretts dehnten sich mittlerweile zu 43. Im Zeitalter der gigantischen Bettenburgen geriet das Oberföhringer Krankenhaus zur Alternative, zur Menschlichkeit im Krankenhaus. Bei schönem Wetter werden die Patienten samt Bett ins Freie geschoben, wer gehfähig ist, hält sich, so oft er kann, draußen auf. „Dass man die Leute zum Röntgentermin überall wieder zusammensuchen muss", erklärt eine Schwester „macht nichts aus. Denn frische Luft ist die beste Medizin und wir rufen die Patienten dann laut nach den Namen." Beim Namen genannt zu werden, Bewegungsfreiheit zu haben und die allgemeine Freundlichkeit sind dann auch bei den Patienten die meist genannten Gründe, die für Oberföhring sprechen. „Auch etwa 90 Prozent der 40 Ärzte und 128 Schwestern dürften trotz aller medizinisch-technischen Verlockungen keinen Bock auf Bogenhausen haben" äußerte sich der Stationsarzt Dr. Peter Grund. Im Mai 1984 werden sie mit ihren beiden Chefs Professor Dr. Karl Hepp und Dr. Dr. Simon Snopkowski einen traurigen Abschied feiern.

Die Planungen zum neuen Krankenhaus Bogenhausen mit 1254 Betten fanden ab dem Jahre 1969 statt. Nachdem mit Stadtratsbeschluss ein Grundsatzprogramm für die neue Klinik ausgearbeitet worden war, schrieb das Baureferat im Jahre 1971 einen Architektenwettbewerb aus. Im Frühjahr 1976 beschließt der Stadtrat die Reduzierung des Projektes auf 1000 Betten, im gleichen Jahr können die ersten Arbeiten an die Firmen vergeben werden. Die Grundsteinlegung fand am 26. Oktober 1977, das Richtfest am Freitag dem 26. Oktober 1979, und die Einweihungsfeier am 9. Dezember 1983 statt. Die Inbetriebnahme erfolgte im April 1984 mit der Umsetzung des Krankenhauses Kempfenhausen.

Bis Ende April 1984 arbeiteten die Schwestern und die Ärzte noch in Oberföhring, ab 2. Mai befand man sich in Bogenhausen. Spätestens 14 Tage vor dem Wechsel nach Bogenhausen gab es einen Aufnahmestopp für neue Patienten. Der Umzug ging reibungslos vor sich. Ein Teil der Einrichtung wurde mitgenommen und vorerst weiter verwendet. Die Patienten brachte man mit Hilfe von Krankenwagen ins neue Krankenhaus. Nach der Umsetzung ins Krankenhaus Bogenhausen wurden die Baracken in Oberföhring aufgelöst.

Abbildung 58:
Das Schwesternhaus einst
(vorne links Zugang zu einem
Luftschutzkeller)

Abbildung 59
Der gleiche Blick
heute

Der Bürgerpark und seine Vereine

Karin Bernst

Zur Finanzierung der neuen Klinik wurde der Erlös aus dem Oberföhringer Grundstücksverkauf mit 30 bis 40 Millionen Mark veranschlagt. Spätestens im Jahre 1983 begann ein Gerangel um die künftige Nutzung des wertvollen Grundes. Als Interessent für das Gelände war der Baulöwe Josef Schörghuber im Gespräch.

In der Chronik über die Entstehung des Bürgerparks Oberföhring aus dem Jahre 1987 schrieb Frau Nindl: *„Am 13. Mai 1982 hat die Bürgerversammlung im 29. Stadtbezirk beschlossen, das Grundstück nach dem Umzug des Krankenhauses in das neue Klinikum Bogenhausen für gemeinnützige Zwecke freizuhalten. Leider stieß der Vorschlag bei der damaligen Stadtregierung unter OB Kiesl auf taube Ohren. Das Grundstück war für 30 Millionen DM schon so gut wie verkauft. Erst durch den Wechsel an der Stadtspitze am 1. April 1984 (Stichwahl) habe ich die einmalige Chance erkannt, für einige Oberföhringer Vereine, die schon lange eine Vereinsheimat suchten, einige Baracken stehen zu lassen."*

Abbildung 60: Erste Abbrucharbeiten im Jahre 1985 am Wäschereigebäude

Die Gründung der Vereinsgemeinschaft 29

Im Dezember 1978 trafen sich erstmals Oberföhringer Vereine und Vereine aus der Umgebung, um Termine und Veranstaltungen abzusprechen. Schon damals war die Idee vorhanden, eine Vereinsgemeinschaft zu gründen. Bei diesen Treffen entstand auch der Wunsch nach einem gemeinsamen Vereinsheim. Dieser Wunsch war schließlich der Hauptgrund für die Gründung eines Dachverbands im Dezember 1983, der dann die Interessen der Vereine bei der Stadt wahrnehmen konnte.

Vertreter von folgenden Vereinen waren bei der Gründungsversammlung anwesend:

- Deutsche Lebensrettungsgesellschaft Ortsgruppe Oberföhring e.V.

- Faschingsgesellschaft Feringa e.V.

- Freiwillige Feuerwehr Oberföhring e.V.

- FC Rot-Weiß Oberföhring e.V.

- Katholische Arbeitnehmerbewegung (Austritt 31.12.1986)

- 1. Deutscher Luftkissenfahrclub München e.V.

- Männergesangsverein Oberföhring e.V.

- Schützengesellschaft Oberföhring-Priel e.V.

- Schützengesellschaft Schützenliesl II e.V. (Austritt 31.12.1984)

- Heimat- und Volkstrachtenverein Staffelseer e.V.

Der Dachverein erhielt den Namen:

"Vereinsgemeinschaft 29. Stadtbezirk e.V. Oberföhring – Johanneskirchen und Umgebung"

Durch die Neugliederung der Münchner Stadtbezirke und die damit verbundene Neu-Nummerierung des Stadtbezirkes Bogenhausen erfolgte am 26. März 1993 die Namensänderung der Vereinsgemeinschaft in

"Vereinsgemeinschaft 29 e.V. im 13. Stadtbezirk München".

Der Vereinsgemeinschaft. gehören heute 23 Vereine mit rund 6000 Mitgliedern an, davon befinden sich 17 Vereine auf dem Bürgerparkgelände.

Die Besetzung des Geländes

Im Juni 1984 wurden die Häuser 1 und 2 durch die Vereinsgemeinschaft 29 "illegal besetzt". Helga Bandomer:

„Die Schützengesellschaft Oberföhring-Priel bezog als erster Verein im Haus 1 einige Räume. Gleichzeitig bearbeitete schon Herr Diplomingenieur Peter Zänker Pläne für die Umbauten. Eine Baugenehmigung konnte bis dato noch nicht beantragt werden, da ständig neue Räumlichkeiten hinzukamen oder sich irgendwelche Änderungen ergaben.“

Im Herbst 1984 beantragte die VG 29 bei der Stadt München weitere Gebäude zur Nutzung für ihre Vereine. Ab März 1985 fanden die ersten Abbrucharbeiten auf dem Gelände statt. Auf Grund der Initiative der VG 29 wurde im Stadtrat beschlossen, zu den zwei besetzten Baracken weitere zehn Baracken stehen zu lassen. Der Abbruch des Kohlebunkers konnte in letzter Minute verhindert werden.

Die erste öffentliche Veranstaltung auf dem Gelände war eine Festwoche mit Maibaumaufstellung der VG 29 im April/Mai 1985. Der Kohlebunker diente als Unterkunft und Werkstatt für den Maibaum. Schon damals gab es die Idee, den Kohlebunker für größere Veranstaltungen als eine Art Bürgerhaus auszubauen. Er wurde aber, inzwischen baufällig geworden, schließlich im Februar 1998 doch abgerissen.

Abbildung 61: Abbruch des Kohlebunkers, 1998

64

Juli 1985, Helga Bandomer: *„Trotz der wiederholten Forderungen der VG 29 an das Kulturreferat bzw. an das Liegenschaftsamt, die mündlichen Zusagen für die einzelnen Häuser doch endlich in schriftliche umzuwandeln, geschah nichts dergleichen. Die Vereine in den Häusern 3, 5 und 6 und dem so genannten Schützenbunker waren natürlich nicht mehr zu halten und begannen mit den Umbauarbeiten, obwohl hier genau so wie für die Häuser 1 und 2 noch keine Baugenehmigung vorlag, die wiederum ja gar nicht beantragt werden konnte, weil einmal die Pläne wieder geändert werden mussten, andererseits noch keine schriftliche Zusage für den Bezug der fünf Häuser vorlag."*

Im November 1985 kam es dann zum Baustopp für das Gelände, der im Februar 1986 wieder aufgehoben wurde. Von den sechs Luftschutzkellern wurden zwei unterteilt. Von diesen 8 Bunkern werden heute noch 5 genutzt. Bunker 1 als Lager zum Kinderhaus KAI, Bunker 2 durch die Schützengesellschaft Münchner Reserveoffiziere e.V. und die übrigen als Übungsräume für Musiker.

Der (erste) Mietvertrag zwischen den Vereinen und der Stadt lief bis zum Jahresende 1990. Im Jahre 1991 gab es Planungen, der "Zwischenlösung" des Geländes ein Ende zu bereiten. Die maroden Baracken sollten endgültig verschwinden. *„Wir wären glücklich, wenn wir einmal in einem schönen (und barackenfreien) Park von Laubbäumen untergebracht wären und vor allem einen Saal im Bereich des Kohlebunkers hätten."* Die Aufstellung eines Bebauungsplanes wurde im Stadtrat beschlossen, doch schon damals erkannte man, dass es ein sehr langer Weg sein wird, denn da sei noch immer die Frage der Finanzierbarkeit.

Abbildung 62: Max Bärmichl ist schon früh mit seinen drei Zirkuswagen zugezogen. Einen der Wagen hatte er als "Genie-Salon" für Ausstellungen umfunktioniert.

Der Einzug der Künstler – Künstler erzählen

Ernst Reitsam : Die Gründung der OK9

Nach der Auflassung des Krankenhauses Oberföhring war zunächst der Landeshauptstadt München die künftige Verwendung dieses Geländes nicht ganz klar. 10 Baracken wurden abgerissen; die verbliebenen Baracken wurden zwar noch bewacht, waren aber mehr oder weniger dem Verfall preisgegeben. Die Stadtverwaltung, vertreten durch das Kulturreferat und das Liegenschaftsamt, hatte auf Grund der großen Nachfrage nach Ateliers und Werkräumen beschlossen, dass zwei Baracken (Hausnummer 7 und 9) für bildende Künstler bereitgestellt werden sollten. Diese Möglichkeit hat sich unter Malern und Bildhauern rasch herumgesprochen.

Ich gehörte seit 1974 der informellen Gruppe "KURA" an und fragte bei Herrn Dr. Meuer im Kulturreferat nach, wie man diese Baracken in Besitz nehmen könnte. Herr Meuer hatte sich bereits einige Interessenten notiert und gesagt: „Jetzt müssten sich diese Leute zusammenfinden."

Im Spätherbst 1984 begann ein mühsamer Weg. Wir trafen uns im damals noch bestehenden Gasthaus zur Post. Ganz unterschiedliche Künstler mit ganz unterschiedlichen Vorstellungen äußerten Wünsche und Ideen. Eine große Schwierigkeit war es, dass bei jedem der wöchentlichen Treffen nur etwa die Hälfte der Teilnehmer der Vorwoche und eine Menge neuer Interessenten ohne Vorwissen, zusammenkamen. Bei Rücksprachen mit dem Kulturreferat wurde nun beschieden: „Ihr müsst Euch halt zusammenraufen". Mit viel Geduld haben wir uns zusammengerauft.

Nun kamen wir an das Objekt der Begierde, die Baracke 9. Die Baracken waren jahrelang ungenutzt und ein beliebtes Spielfeld für Jugendliche. Fenster mussten repariert werden. Die Heizung des Krankenhauses war insgesamt veraltet und unbrauchbar. Die Reste mussten ausgebaut werden. Die Elektroinstallation war weitgehend zerstört und Wasser gab es auch nicht. So standen wir nun da, die Künstler träumten vom Malen und Gestalten und waren allesamt keine Handwerker. Trotzdem waren wir glücklich. Wir nahmen die Herausforderung an und krempelten die Ärmel hoch.

Zunächst einigten wir uns über die Belegung der Atelierräume und teilten sie in 13 Einheiten ein. Dafür wurden 13 Elektrozähler und 13 Gasuhren für eine zu installierende Elektro- und Gasversorgung geplant. Nun überlegten wir, wer was am besten konnte und legten mit der Arbeit los. Mit dem Kulturreferat blieben wir in reger Verbindung, wir hatten eigentlich nur mündliche Zusagen für unser Unternehmen.

Abbildung 63: In der Operationsbaracke, 1984

Es war nun Frühjahr 1985 geworden. Tagelang standen wir auf Leitern, um zusammengehörende Elektroleitungen abtastend zu suchen. Gasöfen (gebraucht) und ein 5000-Liter-Tank von der Firma Drachengas wurden gekauft, eine Gas-Ring-Leitung um die Baracke montiert. Ich selbst habe den Graben für die Gas-Zuleitung – 60 cm tief - etwa 10 Meter zur Baracke gegraben und nach Verlegen der Zuleitung wieder zugeschüttet. Das mit Dachpappe belegte Dach war an einigen Stellen undicht und wurde geflickt.

Dann nahm auch die Zusammenarbeit mit der Stadtverwaltung allmählich Konturen an. Das Gewerbeaufsichtsamt begleitete uns beratend. Es war die Zeit gekommen, mit der Stadtverwaltung einen Mietvertrag zu unterzeichnen. Immer wieder waren Besprechungen nötig. Wer sollte nun für alle sprechen? Es waren alles junge Idealisten, die eigentlich nur das Ziel hatten, möglichst freie bildende Kunst zu machen. Da war wenig Verlangen nach Ordnungen und Regeln. Für einen Mietvertrag braucht man jemanden, der verbindlich Verantwortung tragen kann. Bisher wurden alle anfallenden Kosten für die Räume durch die Besitzer getragen. Gemeinsame Kosten wurden je nach Entstehen umgelegt. Also wir brauchten einen Verantwortlichen. Wir schauten uns an, fragten, wer könne das sein.

Abbildung 64 und 65:
Die Operationsbaracke
Haus 9 im Jahre 1984
(oben) ...

... und im Jahre 2004

Wir kamen zu der gemeinsamen Erkenntnis, dass ein Verein gegründet werden muss, dessen Vorstand die Künstler der Baracke 9 rechtsverbindlich vertreten kann. Nach weiteren Besprechungen einigten wir uns auf einen Satzungstext für einen Verein mit dem Namen: "Freier Künstlerverein O.K. neun". Dieser Verein wurde am 20. Januar 1986 beim Amtsgericht München, Registergericht, eingetragen. Nun konnten mit der Stadtverwaltung und anderen Behörden alle erforderlichen Regelungen verbindlich vereinbart werden.

Auf dem Gelände entwickelte sich eine vielfältige Zusammenarbeit der verschiedenen Vereine untereinander. Um gemeinsame Anliegen zu bündeln und die Zusammenarbeit zu fördern, gründeten die Gruppen: das Kinderhaus Kai, die „compagnia perliko perlako", der SFK Verband (Filmkulissenbau), die Collage e.V. und die OK 9 e.V. am 17. Juli 1987 die "Interessengemeinschaft Bürgerpark Oberföhring" – IBO. Die Vereine der IBO beteiligten sich bei den Maiveranstaltungen der VG 29 und führten regelmäßig Sommerfeste durch.

Auf diese Weise hat sich der Bürgerpark Oberföhring zu einem integrierten Bestandteil von Oberföhring und Bogenhausen entwickelt. Aus Anlass des Jubiläums werden wir erneut jede Anstrengung unternehmen, um unser Zusammenwachsen weiter zu fördern.

Florentine Kotter : Mein Oberföhring

Mein "Oberföhring" hat 1986 begonnen, in der Zeit nach dem Studium an der Akademie. Ich war damals auf dem Wege, eine eigene künstlerische Identität zu finden nach der – in sich doch geregelten - Welt der Kunstakademie. Ich stieß zu einer Gruppe von Leuten, die sich zusammengefunden hatten, um im ehemaligen Oberföhringer Krankenhaus Räume für Ateliers herzurichten.

Wir waren damals ein zusammengewürfelter Verein von bildenden Künstlern aus verschiedenen Richtungen und verschiedenen Ansätzen – und sind das bis heute geblieben. Das heißt, ein gemeinsames künstlerisches Konzept haben wir nicht, jedoch haben sich im Laufe der Zeit teilweise Anknüpfungspunkte, Austausch, Beziehungen und - in vielen Fällen - auch Freundschaften entwickelt. Es gab einige, die unseren Verein verlassen haben, und neue sind dazugekommen. Aus Improvisation und einem sich nur auf das Nötigste beschränkte Regelwerk hat sich eine funktionierende Hausgemeinschaft entwickelt, die trotz Krisen und Meinungsverschiedenheiten unsere Ateliergemeinschaft trägt.

Unser Haus 9 ist in recht gutem Zustand, die Ateliers sind im Laufe der Jahre mehrfach renoviert worden, wir haben ein neues Dach und einen neuen Außenanstrich. Für mich ist die OK9 ein Ort außerhalb des schicken, schnell tickenden, auf unmittelbare Effektivität schielenden Lebens, das in München viel Platz beansprucht. Ein Ort, wo ich mich auf das Wesentliche in meiner künstlerischen Arbeit konzentrieren kann.

Schon wenn man auf das Gelände des Bürgerparks kommt, taucht man in eine andere Welt ein. Jeder Mensch, der das Glück hat, dort in einem der Häuser zu verkehren, kriegt etwas von dem gelassenen Freiraum dieser Insel in München mit: Ob als Künstler, als Besucher von verschiedenen Theateraufführungen, Konzerten, Faschingsveranstaltungen, ob als Kind im Kindergarten, als Kursteilnehmer in Malkursen, als Vereinsmitglied, Spaziergänger, Ausstellungsbesucher ...

Der Bürgerpark hat wenig Anspruch auf Perfektion. Er kann sich in Sachen Kultur nicht mit einem Gasteig oder ähnlichen Einrichtungen messen. Der Bürgerpark ist eine gewachsene Institution, entstanden aus den Bedürfnissen verschiedenster Bürger, improvisiert und bisher noch nicht sehr mit dem Strom des großen Korrektivs Geld in Berührung gekommen.

Wolfgang Siegel : Der einmalige Park

In diesem Park gab und gibt es: brütende Enten, einen Fasan, überwinternde Igel, Marder natürlich, Waldbeeren in Mengen, Spechte, Eichelhäher, Kaninchen ....
und 1984 gab es auch noch einen Pförtner. Das Gelände war öffentlich nicht zugänglich. Ein Polizist fuhr mit seinem Dienstfahrzeug vor und verhinderte den Abriss des Oberföhringer Krankenhauses. Er wollte, dass die Häuser für den Stadtteil erhalten bleiben. So wurde es mir erzählt. Er hat wohl einigen Ärger bekommen nachher, wegen Überschreitung seiner Kompetenzen. (Max Betzler ist es gewesen, der eben noch verhinderte, dass die letzten Baracken abgerissen wurden.)
Bei der ersten Begehung für Künstler sind ca. 250 Leute gekommen. Es war von hohen Investitionen die Rede. Wohl deshalb kamen die meisten nicht wieder. Um ehrlich zu sein, durch das verlassene Krankenhaus zu gehen, in dem seit zwei Jahren niemand mehr für Ordnung sorgte, war nicht lustig. In dieser Zeit müssen die Vandalen hier einen ausgiebigen Besuch gemacht haben. Sehr viel war einfach zerstört. Im Operationsraum war rote Farbe ausgekippt und die Assoziationen waren entsprechend. Besonders der Geruch war bedrückend. Noch nach vielen Jahren kam er manchmal aus irgendwelchen Ecken.
Es wurde viel geredet bei dem Treffen der Künstler, und den vielen, die noch folgen sollten. Sehr viel. Das war mühsam und hat sich doch gelohnt. Was da entstand, ist einmalig für München, eine Bereicherung für den Stadtteil und die ganze Stadt.

Eva Ruhland : Der Künstlerverein Collage e.V.

Gegründet hat sich der Verein 1986. Jens Röller, ein junger Künstler, suchte für sich und seine Künstlerfreunde dringend Atelierräume. So bemühte er sich auch, über das Kulturreferat der Stadt München an Arbeitsräume zu gelangen. Dort erfuhr er von der Möglichkeit, im ehemaligen Krankenhaus Oberföhring einige stark renovierungsbedürftige Ateliers zugesprochen zu bekommen – mit der Auflage, einen Verein zu gründen. Im Gegensatz zu vielen anderen Künstlern ließ er sich von den bürokratischen Hemmnissen und dem stark renovierungsbedürftigen Zustand der Gebäude nicht abschrecken. Gemeinsam mit fünfzehn jungen engagierten Künstlern und Künstlerinnen trotzte man den formalen Widrigkeiten und formulierte bei mehreren Flaschen Wein eine ordnungsgemäße Satzung. Das Ergebnis war die gemeinnützige Künstlervereinigung Collage e.V.

Gemeinsame Strukturen zeigen sich vor allem in baulichen Maßnahmen, nicht zuletzt im Bau des großzügigen Galerieraumes FOE 156. Elisabeth Hartung schuf als erste Kuratorin die Voraussetzung für eine inhaltlich orientierte Galeriearbeit. Christopher Kramatschek leitete sieben Jahre die FOE 156 und machte sie zu einem überregional beachteten Ausstellungsforum.

Besonders wichtig war den Mitgliedern der Collage, Künstler mit körperlicher Behinderung zu integrieren und den Verein durch Kurse wie z.B. Schweißen, Aktzeichnen, Fotografie, Schmieden, Kinderwerkstatt usw. und Gemeinschaftsausstellungen nach außen zu öffnen. Daraus ergab sich u.a. die Zusammenarbeit mit der Schule der Phantasie, nahe liegenden Kindergärten und Schule.

In unregelmäßigen Abständen wechselten die Mitglieder, was immer wieder zu Reibungen, aber auch zu kreativer, künstlerischer Auseinandersetzung führte. Heute setzt sich der Verein aus zwölf aktiven und fünf passiven Mitgliedern zusammen.

Abbildung 66 und 67:
Relikte aus der Krankenhauszeit In der
ehemaligen Bäderbaracke - heute das Heim
der Künstlervereinigung Collage, 2003

Kleines Theater im Pförtnerhaus

Liselotte Bothe : Wie Phönix aus der Asche

„Grüß Gott, mein Name ist ... ich bin von der LBK." „Danke wir brauchen keine Versicherung" dieser bedeutungsschwere Wortwechsel und die Aufklärung, dass dieses Kürzel für Lokalbaukommission steht, veränderte unser ganzes Leben. Für unsere Theatergruppe begann eine neue Ära - vom Gastspieltheater zum festen Haus.

Was im Frühjahr 1977 mit einem fast zufällig zu nennenden öffentlichen Auftritt begann und 1979 zur Gründung einer festen Theatergruppe führte, "der kleinen kasperlbühne", die später erweitert zur "compagnia perliko perlako" wurde und viele Jahre in Einrichtungen der Stadt München und des Kreisjugendrings spielte, fand im Bürgerpark Oberföhring eine Heimat.

Auf der Suche nach einem Proberaum erfuhren wir, dass im Bürgerpark Probe-räume an Musiker vergeben würden. Bei einem Gespräch im Kulturreferat mit der Bitte um Zuschuss für eine dringend benötigte Mikrofonanlage sprachen wir auch die Möglichkeit an, einen Proberaum auf dem ehemaligen Krankenhausgelände zu bekommen. Der Zuschuss wurde zwar abgelehnt, aber ein Besuch der Räumlich-keiten vereinbart.

Die Ernüchterung folgte zwei Tage später bei der Besichtigung des Pförtnerhäus-chens. Im hinteren Teil des an sich hübschen, aber total verkommenen kleinen Hauses hatte sich das E-Werk eingenistet, im vorderen Teil der Pförtner mit zwei riesigen Wachhunden, für die ein eigenes Zimmerchen hergerichtet war. Da-zwischen völlig verwahrloste Kabäuschen, die auf ca. 40 m² in acht Abteilungen Notstromaggregat, Batterieraum Telefonverteiler und Ähnliches, ja sogar einen Teil der Schreinerei beherbergt hatten. Wie wir später erfuhren, hatten sämtliche anderen Bewerber die Übernahme dieser Räume abgelehnt, und lediglich für ein Bierlager der bereits ansässigen Vereine lag ein Antrag vor. Auf unseren Einwand, für Theaterproben - auch für das Figurentheater - größere Räume als vier bis acht Quadratmeter große Kämmerchen zu benötigen, hieß es: „Dann haut's halt die Wänd' raus, des ist doch eh bloß a Pappadeckl".

Nach vielem Hin und Her beschlossen wir, mit einer zweiten Figurentheater-gruppe, die ebenfalls auf der Suche nach Proberäumen war, die Räume gemein-sam herzurichten. Gesagt getan - doch dann... siehe oben. Die Auflage, bei Entfer-nung der Trennwände Stützbalken einzuziehen, war nur der Anfang einer unendlichen Geschichte. Kaum waren die Balken eingebaut, kam die Maßgabe vom E-Werk, da es sich ja um eine Nutzungsänderung handle, müssten alle elektrischen Leitungen ausgetauscht werden. Nachdem wir die Straßenbe-leuchtung lahm gelegt hatten, indem wir eine tagsüber ja stromlose Leitung abklemmten, und so feststellten, dass wir sozusagen "total verkabelt" waren, ließ das E-Werk auf unsere Kosten die Leitungen entfernen und neu verlegen.

Der nächste Schrecken hieß Heizung, es waren nur Gasöfen mit Außen-Gastank erlaubt. Dann mussten unsere Räume von einem Architekten vermessen, gezeichnet und diese Unterlagen mit einem Nutzungsänderungsantrag eingereicht werden, natürlich wiederum alles auf unsere Kosten. Inzwischen waren wir alleine, d.h. zu zweit. Angesichts der immens angewachsenen Unkosten war die andere Theatergruppe abgesprungen und wir mussten die restliche Renovierung alleine schultern. Unsere Ersparnisse und unendlich viele Arbeitsstunden waren in das Haus geflossen und im Nacken saß ständig das drohende "Aus".

Nachdem wir alle Auflagen gewissenhaft erfüllt hatten, sahen wir zur Rettung des Eingebrachten nur eins: "im Sturmschritt voraus". Nach Auszug des Pförtners konnten wir auch den vorderen Teil des Häuschens übernehmen und herrichten. Bald war uns klar, ohne im Haus auch spielen zu können, war ein dauerhafter Erhalt nicht möglich, und als vom Kulturreferat die Genehmigung dazu kam, sah das Haus in den folgenden Jahren die unterschiedlichsten Formen des Figurentheaters. Schattenspiel, Kabarett (Kasparett), literarisch-musikalisches Figurentheater, Klassik und Moderne, Figuren der unterschiedlichsten Art, Theater für Kinder und Erwachsene, sogar ein kleines Figuren-Theaterfestival und .... natürlich das Kasperltheater, das zu unserer Freude noch heute, nach mehr als 20 Jahren, Groß und Klein begeistert.

Im Laufe der Jahre mutierte das "hässliche Entlein" zu einer netten und - nicht nur wegen seiner Theaterstücke, sondern auch wegen seines familiengerechten Flairs - gut kritisierten Einrichtung.

Abbildung 68: Das Pförtnerhaus im Jahre 2003

Eine kleine Episode am Rande:

Als die Telefonanlage, damals noch durch die Post, aus dem Haus verlegt wurde, blieb ein einzelnes undefinierbares Kästchen mit einem dicken Kabel, das im Boden verschwand, übrig. Der Monteur besah sich die Sache fachmännisch, konnte aber in seinem Verlegeplan keinen Hinweis finden und meinte: "Schwachstrom - muss von uns sein, flexen wir ab." Kaum lag der dicke Strang am Boden, standen zehn Feuerwehren auf dem Gelände - Blaulicht - Hektik - Suche nach dem Einsatzort. Dieses unschuldige Schwachstromkabel bündelte die Alarmanlagen des Altenheimes an der Effnerstraße, der anliegenden Tankstellen und des ehemaligen Krankenhauses. Gut, dass wir nicht selbst .....

Die Gründung der IBO

Die Gründung der IBO = Interessengemeinschaft Bürgerpark Oberföhring e.V. fand im Jahre 1988 statt. Die IBO setzte sich zur Aufgabe, die Interessen aller Gruppierungen auf dem Gelände zu vertreten. Eines der wichtigsten Ziele war die Nutzung und Erhaltung des Geländes über das Jahr 1990 hinaus bzw. die Schaffung von Alternativen.

Ausschnitt aus einem Zeitungsartikel: *„Sechs von insgesamt elf Organisationen haben sich nach langen Beratungen zusammengerauft und eine Interessengemeinschaft Bürgerpark, kurz IBO, gegründet. Allerdings unter erheblichen Geburtswehen – die Vereinsgemeinschaft (VG) 29 lehnte es ab, die IBO mit zu begründen und dieser beizutreten. .... All dies lehnt die VG 29 ab (200 Leute unterjochen 5000). Für sie stellt ein "Dach über dem Dach" eine Sinnlosigkeit dar. Oder mit den Worten Max Betzlers (ehemaliger 1. Vorsitzender der VG 29 und nunmehr Vorstandsmitglied der IBO) ausgedrückt: „Die haben Angst, untergebuttert zu werden." Und Liselotte Bothe von der IBO meint: „Die VG befürchtet, künftig keine Rolle mehr zu spielen. Deshalb wollen sie mit dem Argument ihrer großen Mitgliederzahl Druck ausüben." ....*
Auch einige Musikgruppen traten mangels Interesse der IBO nicht bei. Der Kreisjugendring München-Ost vollzog diesen Schritt aus formaljuristischen Gründen nicht. Die Möglichkeit eines Beitritts wird aber geprüft."

In der IBO, die im Jahre 2003 ihr 15-jähriges Bestehen feierte, sind hauptsächlich die Künstler und Musikgruppen zusammengeschlossen.

Oberföhringer Vereine – Vereine in Oberföhring

Der älteste Oberföhringer Verein ist die

- Freiwillige Feuerwehr, gegründet am 10. Januar 1870. Gründungsvorstand war Franz Welsch, Gründungszweck die "Hilfeleistung bei Bränden".

Neben der Feuerwehr werden in einer Liste aus dem Jahre 1900 noch drei Oberföhringer Vereine genannt:

- Veteranen- und Kriegerverein, gegründet am 10. Dezember 1889, Gründungsvorstand Johann Rank, Vorstand 1900 Albert Eberhart, Zweck: Pflege vaterländischer Gesinnung.

- Schützengesellschaft Oberföhring, gegründet am 2. Oktober 1891, Vereinsvorstand Fritz Meyer, Kassier Johann Hönigschmied, Schriftführer Max Schüßler.

- Radfahrer-Club, gegründet am 30. Juli 1895, Gründungsvorstand Jakob Neuner, Schriftführer Anton Böck, Vereinslokal Georg Böck'sches Gasthaus, Zweck: Geselliges Zusammenwirken auf dem Gebiete des Sportes.

Nicht mehr aufgeführt wurden im Jahre 1900 die Oberföhringer Vereine:

- Gesangverein, gegründet am 1. Juli 1894, Vorstand Johann Hönigschmid, Schriftführer Lorenz Hartl, Zweck: „Sich wöchentlich einmal durch gesellige Unterhaltung und Gesangsübung zu unterhalten. Andere Vergnügungen können zwar stattfinden, doch bleibt das Singen die Hauptsache". Eine Auflösung des Vereins trat nach den damaligen Statuten dann ein, wenn von mindestens vier Mitgliedern (einem Quartett) eines austreten sollte. In diesem Falle wurde das gesamte Inventar versteigert und der Erlös der Gemeindekasse Oberföhring zugeführt.

- Verschönerungs-Verein Oberföhring, gegründet am 1. Juni 1892, Vorstand Pfarrer Max Schaedler, Schriftführer Freiherr von Wohnlich. Die Tätigkeit des Vereins erstreckte sich vorläufig auf den Umfang der politischen Gemeinde Oberföhring und bezweckte die Verschönerung des genannten Bezirks durch Verbesserung der vorhandenen und Anlage neuer Fußwege, Pflanzung schattenspendender Bäume und Errichtung von Ruhebänken. Die Mitgliederbeiträge wurden auf drei Mark im Jahr festgelegt. Sollte die Mitgliederzahl unter sieben sinken, würde der Verein sich auflösen.

- Privatgesellschaft zur "Zipfelhaube in Oberföhring", gegründet am 19. Januar 1895, Vorstand Josef Wimmer, Schriftführer Georg Wunderl und Kassier Caspar Lochner. Der Name "Zipfelhaube" könnte einen Bezug zu den Zipfelhaubenbällen, die zur Faschingszeit stattfanden, haben. Dieser Verein (eventuell ein Burschenverein) kümmerte sich wahrscheinlich um Brauchtumspflege und Geselligkeit, wie die Aufstellung von Maibäumen und Tanzveranstaltungen.

Nach 1900 wurden noch folgende Vereine in Oberföhring gegründet:

- Die Tischgesellschaft "O wer woas", gegründet durch 13 Mitglieder am 5. Oktober 1902 in St. Emmeram, Vorstand Josef Mangstl, Ziegeleibesitzerssohn in Unterföhring; Kassier Josef Burkhart, Zimmermann; Schriftführer Alois Burkhart, Hausbesitzerssohn. Zweck: Kameradschaftliche und gesellige Unterhaltung. Die Aufnahmegebühr betrug 50 Pfennige, der wöchentliche Beitrag 10 Pfennige.

- Sparverein "Solidarität Oberföhring", gegründet am 26. Februar 1908, Vorstand Johann Ramsauer, Kassier Andreas Buchner, Schriftführer Gottfried Graf, Revisor Wendelin Wieser, Zweck: Ersparnisse zurückzulegen, sowie Zusammenkunft zur gemütlicher Unterhaltung im Vereinslokale, wobei am 4. Sonntag jeden Monats eine Versammlung stattfand mit Einzahlung der Monatsbeiträge von 10 Pfennig. Spareinlagen wurden jeden Sonntag zwischen 10 – 12 Uhr entgegengenommen.

- Katholisches Werkvolk Oberföhring, gegründet im Jahre 1917. Der Verein wurde während der NS-Zeit verfolgt und verboten, 1948/49 wiedergegründet und ist seit 1971 dem Bundesverband der Katholischen Arbeitnehmerbewegung zugehörig.

- Katholischer Frauenbund, als Zweigverein im Jahre 1912 von Geistl. Rat Manseicher in Oberföhring ins Leben gerufen. Die damaligen ca. 50 Mitglieder setzten sich aus Frauen der Pfarrei Oberföhring und den Filialen in Unterföhring, Englschalking, Daglfing und Johanneskirchen zusammen. Auch während des Zweiten Weltkrieges traf man sich, zumeist bei Beerdigungen eines verstorbenen Mitgliedes.

Im Stadtadressbuch von 1933 waren noch aufgeführt: der Fußballclub Rot-Weiß Oberföhring, der Schützenverein Oberföhring, der Veteranen- und Kriegerverein München-Oberföhring mit dem Vorstand Gottfried Hönigschmid und der Männergesangverein München-Oberföhring, Vorstand Franz Welsch. Das Dritte Reich machte aus den damaligen Vereinsvorständen einen Vereinsführer, der nicht mehr gewählt wurde, sondern bestimmt. Mit Kriegsbeginn 1939 oder spätestens im Jahre 1942 waren die Vereine entweder verboten oder das Vereinsleben kam praktisch zum Stillstand. Im Adressbuch von 1941 standen noch der Männergesangverein und der Fußballclub. Neu gegründet wurden in dieser Zeit so genannte Bezirks- und Stadtvereine, Oberföhring gehörte damals zum Stadtverband Groß-München. In der Kriegs- und Nachkriegszeit hatten die Menschen dann wichtigere Dinge zu tun, so dauerte es meist einige Jahre, bis die ersten Vereine wieder aktiviert wurden.

Schützengesellschaft Oberföhring-Priel e.V.

Die Schützengesellschaft Oberföhring-Priel besteht heute aus den zwei Schützenvereinen, die Prieler und die Oberföhringer Schützen, die sich am 1. Januar 1969 zu einem Verein zusammenschlossen.

Am 2. Oktober 1891 wurde der ältere der beiden Vereine, die Schützengesellschaft Oberföhring von den Oberföhringern ins Leben gerufen. Fritz Meyer, letzter Bürgermeister von Oberföhring, war Gründungsvorstand, auch 1. Schützenmeister genannt. Zum Zweck hatte man sich gemacht: die gesellige Unterhaltung und Scheibenschießen mit Zimmerstutzen zum Vergnügen. Die Mitgliedschaft erfolgte durch Abstimmung, aufgenommen wurde jeder unbescholtene Mann, welcher das 18. Lebensjahr erreicht hatte. Zur geselligen Unterhaltung erschien eine recht zahlreiche Beteiligung der weiblichen Familienangehörigen der Mitglieder oder eingeladene Damen als wünschenswert. Im Jahre 1931 traten Fritz Meyer, er war zu der Zeit schon 87 Jahre alt, und Franz Welsch aus Altersgründen von ihren Ämtern als 1. bzw. 2. Schützenmeister zurück.

Erstes Vereinslokal der Oberföhringer Schützen war die Gaststätte Schützengarten in der Oberföhringer Straße. Da die Schießabende in der Wirtsstube stattfanden, mussten die Stände jedes Mal aufgebaut und später wieder abgebaut werden.

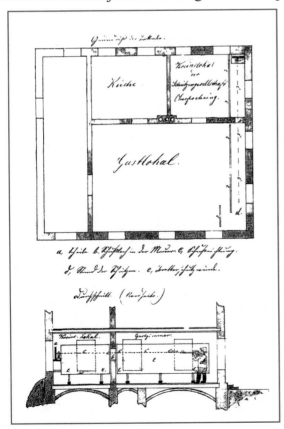

Abbildung 69: Plan des ersten Vereinslokals der Schützengesellschaft in der Gaststätte Schützengarten in Oberföhring

1952 wurde die Oberföhringer Schützengesellschaft durch Sepp Hansbauer wiederbelebt. In diesem Jahr fand auch die Gründung der Prieler Schützen statt. Der Verein wurde nach dem Namen des Lokals, wo die Schießabende und die Versammlungen abgehalten wurden, dem Prielhof in der Oberföhringer Straße benannt.

Zum 65-jährigen Bestehen der Oberföhringer Schützen im Jahre 1956 gab es ein großes Fest mit Fahnenweihe:
„Ein halbes Tausend aus 25 Schützengesellschaften war mit Fahnen und Standarten, kettenbehängten Schützenkönigen und bildsauberen Schützenliesln gekommen, um das 65-jährige Bestehen und die Fahnenweihe ihrer Ober-föhringer Schützenbrüder mitzufeiern. ... Der Männergesangverein Oberföhring sang die Haydn-Messe. Auch Feuerwehr, Fußballer und der Motorsportclub machten vorbildlich mit.“

Abbildung 70: Schützenkönig Hans Wittmann mit
seinen Schützenliesln Traudl und Angela Ballauf, 1956

Abbildung 71: Schützengesellschaft Oberföhring, Fahnenweihe im Jahre 1956

Ab 1967 verlegte man das Vereinslokal in die Gaststätte Freisinger Hof. Im Keller des Moy'schen Bierdepots wurden zusammen mit den Prieler Schützen fünf Schießstände eingebaut. 1969 schlossen sich dann beide Vereine zusammen, sie gehören seitdem zur Sektion München Ost-Land.

Männergesangverein Oberföhring e.V.

Die erste Gründung fand, belegt durch die Statuten, am 1. Juli 1894 und die "zweite" Gründung am 5. Januar 1924 statt. Im Dezember 1923 fassten Oberföhringer Bürger während einer Theateraufführung des Unterföhringer Männergesangvereins in der Emmeramsmühle den Entschluss, selbst einen Gesangverein zu gründen. Als Patenverein stellte sich der Unterföhringer Verein zur Verfügung. Die Herren des Gesangvereins waren nicht nur musikalisch aktiv, sondern auch beim Theaterspiel. Gespielt wurde im Gasthof im Grüntal und in der Schloßwirtschaft an der Oberföhringer Straße, der späteren Bräupfanne.

Nach dem Zweiten Weltkrieg im Jahre 1947 wurde der Vereinsbetrieb wieder aufgenommen. Auch der MGV hatte sein Vereinslokal, in dem die wöchentlichen Chorproben stattfanden, in der Gaststätte Freisinger Hof.

Abbildung 72: Max Schüßler und Karl Grebmeier in der Schloßwirtschaft um 1950

Zum 50-jährigem Jubiläum im Jahre 1974 konnten noch 4 Gründungsmitglieder geehrt werden, das waren August Kästle sen., Max Schüßler sen., Michael Schillinger und Karl Grebmeier. Erst später ist man auf das ältere Gründungsdatum gestoßen, so konnte der Verein im Jahre 1994 sein 100-jähriges Bestehen feiern.

Abbildung 73: Bild: Der Männergesangverein um 1950

FC Rot-Weiß Oberföhring

Den Entschluss, einen Fußballverein in Oberföhring aufzuziehen, fassten im Jahre 1919 unter anderem die Herren F. Christeck, August Kästle, Karl Grebmeier und Paul Doppler. Zu einer ordentlichen Vereinsgründung kam es im Februar 1921 bzw. März 1922, leider fehlen genauere Unterlagen dazu.

In den ersten Jahren fand ein "wilder" Spielbetrieb auf den freien Wiesen in Oberföhring und Umgebung statt. Im September 1922 erfolgte der Anschluss an den Süddeutschen Fußballverband, und damit konnte der Verein an den Verbandsspielen der B-Klasse teilnehmen. Zuvor wurde der Sportplatz im Grüntal gepachtet; der Verein hatte inzwischen 40 Mitglieder. Als Clublokal diente der Gasthof Grüntal, die Clubversammlungen wurden im Gasthof Herzogpark abgehalten, wo auch das erste Geburtstagsfest des Vereins gefeiert wurde.

Abbildung 74: 1. Mannschaft 1923, von links nach rechts: Christeck, Dirscherl, Kaltenecker, Haider, Haugenstein, Fischer, Kästle, Heinz, Wittl, Griesbeck, Holzapfel, Karl, Schmehr, Weber

Unter Ludwig Hoffmann von Bayern München als Trainer wurde von der 1. Mannschaft die Gruppenmeisterschaft 1928/29 in der B-Klasse errungen und der Aufstieg zur A-Klasse erkämpft. Auch die 2. Mannschaft wurde in diesem Jahr Gruppensieger. In den folgenden Jahren war der "Rot-Weiß München", wie sich der Verein seit 1929 nannte, stets in der Spitzengruppe zu finden, zum Aufstieg in die damalige Kreisliga reichte es aber nicht.

Abbildung 75: 1. Mannschaft, Gaumeister 1928/29 in der B Klasse, von links nach rechts:
Schwarz, Bleier, Kumschier, Stuckenberger, Trinkl Josef, Weiß, Schwaiger, Trinkl Max,
Althammer, Haider, Amberg, Fuierer, Schwinghammer, Wankerl
Fußballplatz im Grüntal um 1928

Mit Kriegsausbruch 1939 verringerte sich die Zahl der Mitglieder. Unter den in Oberföhring stationierten Luftwaffenangehörigen befanden sich gute Spieler, und mit einer neu zusammengestellten Mannschaft wurde im Jahre 1940 wieder der Aufstieg in die A-Klasse erkämpft. Da die Aufstellungsschwierigkeiten durch Spielermangel immer größer wurden, ging man eine "Kriegsehe" mit dem Nachbarverein Unterföhring ein. Diese Fusion zeigte sich als nicht beständig, und so wurde im Jahre 1942 der Spielbetrieb endgültig eingestellt.

Schon im Herbst 1945 fing man wieder zu spielen an, bis Anfang des Jahres 1952 dem Verein der bisherige Sportplatz im Grüntal gekündigt wurde. Die Stadt München stellte ein Grundstück an der Adalbert-Stifter-Straße zur Verfügung, das aber erst unter vielen Mühen hergerichtet werden musste. Im August 1953 konnte auf dem neuen Sportplatz zum ersten Mal gespielt werden. Der neue Platz war einigen Anliegern von Anfang an ein Dorn im Auge, deshalb wurde das Spielfeld bald wieder von der Stadt gekündigt. Durch mehrmaligen Einspruch konnte die Aufgabe des Sportplatzes bis zur Errichtung des heutigen im Jahre 1969 hinausgeschoben werden. Das Schlagerspiel des Vereins fand am 15. April 1969 statt. Zur Eröffnung des neuen Sportplatzes an der Johanneskirchner Straße spielte der FC Rot-Weiß gegen den TSV 1860 München. Das Spiel endete mit einer Niederlage von 0 : 13 für die 1. Mannschaft des FC Rot-Weiß.

Im Jahre 1980 hatte der FC Rot-Weiß Oberföhring über 350 Mitglieder. Neben dem Fußball gibt es noch die Stockschützenabteilung (seit 1977) und die Damen-Gymnastik-Gruppe (gegründet 1975).

Motorsportfreunde Oberföhring

Bereits vor dem Zweiten Weltkrieg fanden Treffen einer Gruppe von Motorsport-freunden in Oberföhring statt.

Abbildung 76: Stammtisch Motorsportfreunde Oberföhring im Jahre 1931
von links nach rechts, stehend: Paul Ungar, Michael Schillinger, Ferdinand Klotz, Leonhard
Großhauser, Fritz Waltner, Max Müller, Wolfgang Heiß (Vorstand), Franz Welsch, Schorsch
Lochner, Sepp Heim, Schorsch Mäntle, Franz Sedlmair,
sitzend: Otto Amesmaier, Florian Lorenz, Markus Kaimerl, Robert Gebhardt, ... Konrad, Ludwig
Ostheimer, Kaspar Lochner, Hermann Neumann, Sebastian Waltner

Zur Gründung eines Vereins "Motor-Club Oberföhring" mit dem Zweck der Pflege des Motorsportes und der Motortouristik kam es im November 1950. Als Vereinslokal diente das Gasthaus zum Schützengarten, später der Freisinger Hof. In den 1980er Jahren zog der Verein nach Unterföhring.

Abbildung 77: Mitglieder des Motor-Clubs vor dem Gasthaus Schützengarten

Abbildung 78: Fahrzeuge des Motor-Clubs vor dem Freisinger Hof

Motorradfreunde München Ost e.V.

Die Eintragung des Vereins "Motorradfreunde München Ost e.V." ins Vereinsregister fand am 21. Januar 1992 statt; eine lose Gruppierung mit dem Hobby "Motorrad fahren" bestand seit dem Jahr 1984. Im September 1985 erhielt der Verein als Mitglied der VG 29 eigene Räumlichkeiten im Haus 3 auf dem Gelände des Bürgerparks.

Heimat- und Volkstrachtenverein Staffelseer München Nord-Ost e.V.

Ziel des im Jahre 1947 gegründeten Vereines ist es, bayerisches Kulturgut in Volkstanz, Volksmusik und Volkslied zu pflegen sowie die Werdenfelser Tracht zu erhalten. Patenverein war "d' lustinga Isartaler", der den ersten Trachtenfestzug zum Oktoberfest nach dem Zweiten Weltkrieg im Jahre 1949 organisiert hatte.

Abbildung 79: Erste Fahnenweihe am 13. August 1950, vorne rechts Otto Merk sen., die Weihe fand in der Pfarrkirche St. Emmeram in Englschalking statt

Die Gründungsversammlung am 26.4.1947 fand im "Alten Wirt" in Englschalking statt. Dort wurden anfänglich unter Anleitung von Otto Merk sen. und Ludwig Körber Volkstänze und Schuhplattler eingeübt.

Die ursprüngliche Heimat des Vereins befand sich aber bis 1968 in Johannes-kirchen, beim Poschwirt. Vor dem Umzug in das Bürgerparkgelände traf man sich im Kernhof in Denning, in der Schloßwirtschaft Oberföhring, danach in der Gaststätte Freisinger Hof.

1950 betrug der Mitgliedsbeitrag 20 Pfennig und er wurde noch monatlich eingesammelt. Heute beträgt er für aktive Mitglieder 10 Euro und für passive Mitglieder 15 Euro im Jahr.

Abbildung 80: Oberbayrischer Gautag am 4.5.1952.
Der Zug vor dem Salvatorkeller

Am 6./7. Juli 1957, zum 10-jährigen Gründungsfest, richtete der Verein das 38ste Isargaufest aus. Das Protektorat übernahmen die Kgl. Hoheiten Prinzessin Hella und Prinz Konstantin von Bayern, die Schirmherrschaft hatte der damalige Oberbürgermeister Thomas Wimmer. Am Festzug nahmen über 70 Trachtenvereine mit rund 3000 Trachtlern sowie 8 Musikkapellen teil.

Abbildung 81: Festzug zur Fahnenweihe am 29. Juli 1979,
der Festgottesdienst wurde im Pfarrgarten von St. Lorenz abgehalten

Faschingsgesellschaft Feringa e.V.

Die Faschingsgesellschaft Feringa hat ihren Ursprung im Herbst 1976 in der Prinzengarde für den jährlich stattfindenden Faschingsball in der katholischen Pfarrei St. Thomas an der Cosimastraße. Die "Prinzengarde Johanneskirchen" trainierte dort im Gemeindesaal und erhielt von der Pfarrgemeinde damals finanzielle Unterstützung. Im Fasching 1978 hatte sie schon ca. 25 Auftritte. Die Vereinsgründung erfolgte am 6. Mai 1978 durch 34 junge Leute aus Oberföhring und Umgebung; Vereinslokal war die Gaststätte "Zur Post" in Oberföhring. Der erste "Gaudiwurm" unter der Leitung der Feringa fand im Jahre 1980 statt, er ist heute der einzige Faschingszug in München.

Abbildung 82: Faschingsball, Ende der 1970er

Abbildung 83: Die Feringa-Garde vor dem Bürgerpark beim Faschingszug 2004

Abbildung 84: Baracke der Faschingsgesellschaft Feringa, 1998

Abbildung 85: Baracke der Faschingsgesellschaft Feringa, 2004

Aus dem Vereinsleben

Neben der jährlichen Reinigung des Geländes im Frühjahr und Herbst, die von der VG 29 e.V. organisiert wird, finden zahlreiche Veranstaltungen im Bürgerpark statt. Nach dem Faschingszug am Faschingssonntag gibt es noch ein Faschingstreiben, einzelne Vereine laden auch zu Faschingsbällen ein. Seit dem Jahre 1985 mit der Aufstellung eines Maibaumes durch die Vereine werden Maifeste mit Tanz durchgeführt. Auf dem Fußballplatz vom FC Rot-Weiß Oberföhring an der Johanneskirchner Straße wird im Sommer ein Fußballturnier für die Vereine abgehalten. Das Preisschießen für die Mitglieder der Oberföhringer Vereine wurde durch die Schützen erstmals im Jahr 1981 durchgeführt. Dieses Herbstschießen endet mit dem anschließendem Schützenball.

Neben den offiziellen Veranstaltungen, wie dem "Tag der offenen Tür", den Aufführungen der Bayerischen Volksbühne Watzmann im Frühjahr und Herbst, den Vorstellungen im Kleinen Theater im Pförtnerhaus und Vernissagen der Künstlergruppen, lädt jeder Verein zu seinen persönlichen Veranstaltungen ein.

Abbildung 86: Baracke der Volksbühne Watzmann, 1998

Die kulturelle Stadtteilarbeit und der Bürgerpark Oberföhring

Helmut Hofstetter

Seit 1977 gibt es die kulturelle Stadtteilarbeit in München. Dem damaligen Auftrag des Stadtrats folgend, wurde diese Arbeit zunächst als mobile Kulturarbeit in verschiedenen Stadtteilen begonnen. Der Arbeit lag die Vorstellung zugrunde, dass interessierte Vereine, Initiativen, städtische Bildungseinrichtungen, engagierte Einzelpersonen und im Viertel lebende Künstler Programme entwickeln und an verschiedenen Orten die Ergebnisse der gemeinsamen Bemühungen in Szene setzen. Besonders bewährt haben sich dabei die so genannten Stadtteilwochen.

Der Erfolg der mobilen Kulturarbeit hat schon früh den Wunsch nach festen Orten laut werden lassen. Dadurch sollte insbesondere die ganzjährige kulturelle Arbeit ermöglicht werden.

Die Schaffung von Bürgerhäusern, Bürgersälen, Vereinsheimen und Kulturläden war die Antwort der Stadt auf die von den Bürgerinnen und Bürgern artikulierten Bedürfnisse. Damit war der Weg bereitet, gerade den Bevölkerungsschichten, die nicht oder nur am Rande am allgemeinen kulturellen Leben der Stadt teilnehmen konnten oder wollten, die Teilhabe in einer offenen und nicht durch formale oder bildungsmäßige Schwellen festgelegten Form der Kulturarbeit zu ermöglichen.

Mittlerweile gibt es mehr als dreißig Einrichtungen, die den Bürgerinnen und Bürgern ganzjährig zur Verfügung stehen. Eine der größten davon ist der Bürgerpark Oberföhring. Der Bürgerpark Oberföhring befindet sich auf einem Gelände, das bis zum Mai 1984 für den Betrieb eines städtischen Krankenhauses genutzt wurde. Nach der Verlegung des Krankenhausbetriebs wurde das Gelände bereits im Juli 1984 von Mitgliedern der Vereinsgemeinschaft VG 29 besetzt. Diese Besetzung, die nun seit 20 Jahren fortdauert, wurde im Oktober 1984 durch einen ersten Mietvertrag legalisiert. Seither ist der Bürgerpark Oberföhring der Sitz zahlreicher Vereine und Gruppierungen. Die Vielfalt der Zielsetzungen, die im Bürgerpark Oberföhring verfolgt werden, ist ohne Beispiel.

So wird das kulturelle Leben auf dem Gelände von großen Mitgliedsvereinen und zahlreichen Künstlergruppen bestimmt. Brauchtumspflege, Schützen, die Volksbühne "Watzmann", Vereine mit sozialer Zielsetzung, Kindereinrichtungen, ein Puppentheater, Bildende Künstler, Musiker, Sänger, das Kafe Kult, Tanzsportvereine, ein Faschingsverein, politische Parteien, sie alle bilden einen in dieser Art einmaligen Nutzungsmix.

Vorbildlich war und ist das Engagement der Vereine bei der Erbringung von Eigenleistungen. Nur durch die Leistung zahlloser unbezahlter Arbeitsstunden und die Verwendung von finanziellen Eigenmitteln in beträchtlicher Höhe war es möglich, die leer stehenden Krankenhausbaracken in Häuser für den jeweiligen Nutzungszweck umzuwandeln und über Jahrzehnte zu erhalten.

Nicht gelungen ist es - trotz jahrelanger Bemühungen aller Beteiligten -, einen großen Veranstaltungssaal für die Vereinsfeiern und für regelmäßige Programme zu errichten. Damit fehlt letztlich ein Ort, an dem sich öffentlich wahrnehmbar in Szene setzen lässt, was im Bürgerpark Oberföhring erprobt und geschaffen wird. In seiner Existenz gesichert wird der Bürgerpark derzeit durch einen Bebauungsplan aus dem Jahr 1992. Diese Bestandssicherung gilt jedoch nur unter einem gravierenden Vorbehalt, nämlich dem Zustand der ehemaligen Krankenhausbaracken. In Ziffer 2.1 des Bebauungsplans heißt es u.a., dass die provisorisch wieder hergerichteten Barackenbauten nur eine begrenzte Lebensdauer haben. Diese erklärt sich einerseits aus der Einfachbauweise und zum anderen mit dem schlechten Zustand der Ver- und Entsorgungsleitungen. Letztere sind nicht mehr sanierungsfähig, ohne den alten Baumbestand zu gefährden.

Abbildung 87: Der Bürgerpark Oberföhring, 2004

Der Bebauungsplan entwickelt deshalb ein Konzept, das Schritt für Schritt umgesetzt werden kann. Auf der Basis der bestehenden künstlerischen und sozialen Nutzungen sollen neue Einrichtungen geschaffen werden, die die alten Bauten ablösen, die die Funktion des Bürgerparks verstärken und die diesen möglichst vielen Bürgern und Bürgerinnen näher bringen.

Damit ist ein Zustand umschrieben, der sich hinderlich für die weitere Entwicklung des Bürgerparks erweisen kann. Auf der einen Seite wollen die Vereine ihre angestammten Häuser nicht mehr verlassen, auf der anderen Seite wird die Substanz durch Zeitablauf immer schlechter. Größere Sanierungsmaßnahmen, insbesondere im Ver- und Entsorgungsbereich, werden immer dringender. Sie sind finanziell aber nur zu rechtfertigen, wenn dadurch in der Substanz ungefährdete Objekte bedient werden. Das wiederum heißt Abbruch und Neubau. Für Neubaumaßnahmen stehen aber keine Gelder zur Verfügung.

Somit bleibt dem Bürgerpark nur zu wünschen, dass der jetzige Zustand noch möglichst lang erhalten bleibt. Zu wünschen ist jedoch auch, dass es in absehbarer Zeit zur Errichtung eines großen Veranstaltungssaals kommt. Damit könnte gelingen, was dringend notwendig erscheint, nämlich die gewachsenen Nutzungen zu erhalten, sie aber verstärkt einer interessierten Öffentlichkeit zugänglich zu machen.

Anhang

Nutzung der Gebäude

Luftwaffenlazarett	Städtisches Krankenhaus	Bürgerpark
Wäschekammer	Kapelle, Kammer, Unterkunft	Haus 2: Staffelseer e.V., Deutsche Lebensrettungsgesellschaft
Verwaltung	Verwaltung	Haus 1: Schützengesellschaft Oberföhring-Priel, Männergesangverein Oberföhring, Büro VG 29, Kindergarten
Krankenbaracken:	*Krankenbaracken:*	
1	Haus 2, Innere Medizin	Haus 11: Kafe Kult (Kreisjugendring)
2	Haus 4, Innere Medizin und Intensiv-Station	Weitere Nutzung ungewiss
3	Haus 6, Chirurgie weiblich	Haus 6: Faschingsgesellschaft Feringa, G.T.E.V. Taubnstoana e.V., G.T.V. Untersberger, Wasserrettungsdienst München e.V.
4	Haus 1, Chirurgie	Haus 12: Kinderhaus KAI
5	Haus 3, Innere Krankheiten	Haus 3: Bayer. Volksbühne Watzmann, Akkordeonclub, Motorradfreunde München-Ost e.V., SPD Ortsverein
6	Haus 5, Chirurgie männlich	Haus 5: MCG-Münchner Club-Gemeinschaft für Square- und Rounddance, MCG/Dip-N-Divers e.V., MCG/Roadrunners e.V., MCG/Tamara Twirlers e.V., Deutscher Luftkissen-Fahrclub, Texas Boys München e.V.
Schwerkrankenbaracken:	*Krankenbaracken:*	
1	Haus 8, Innere Medizin, Privat	Musiker
2	Haus 10, Chirurgie	Musiker
Absonderung	Haus 12, Infektion	abgerissen 1985
Reserve	Haus 11, Innere Medizin, Frauen	abgerissen 1985
Unterkunftsbaracken:	*Unterkunftsbaracken:*	
Mannschaft	Haus 16, Mädchen	abgerissen 1985
Offiziere	Schwesternhaus 3	abgerissen 1985
Schwestern	Schwesternhaus 1	abgerissen 1985

Luftwaffenlazarett	Städtisches Krankenhaus	Bürgerpark
Lager	Schwesternhaus 2	abgerissen 1985
Bäder, Apothekenkeller	Haus 7, Chef (Innere), Bäderabteilung, Labor, Apotheke HNO, Augen, Endoskopie	Künstler: Collage, Galerie FOE 156
Operation	Haus 9, Operation, Notaufnahme, Chef und Röntgenabteilung	Künstler: OK9
Wache	Pforte	Puppenbühne "Perliko Perlako"
Heizhaus mit Heizerwohnung, angebautem Kohlenlager und Wäscherei	weitere Nutzung	die Wäscherei wurde 1985 abgerissen, Heizhaus und Kohlenlager 1998
Wirtschaftsbaracke	Küche und Speiseräume	abgerissen 1985
Garage mit Wohnung	Garage, Haus 15: Mädchen	abgerissen 1985
Geräte	Leichenhaus	abgerissen 1985
Trafo, Notstrom	weitere Nutzung	verschiedene Nutzer (Abstellräume)

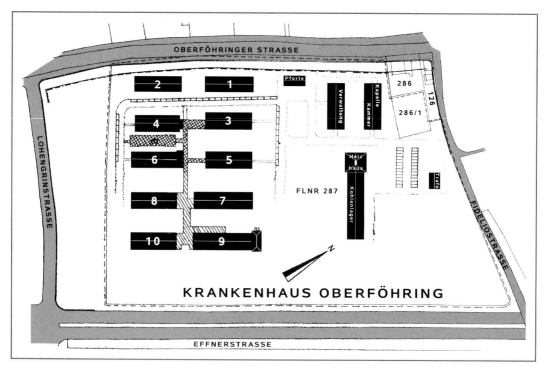

Abbildung 88: Die 1985 noch vorhandenen Gebäude

Quellen und Literatur:

Archivmaterial

1. Staatsarchiv München: Kataster von Oberföhring

2. Stadtarchiv München:
   - Bau- und Wohnungswesen, Band III, Abgabeverz. 78/1, Bund 67 und 68
   - Krankenanstalten Nr. 30a, Jahresberichte
   - Kriegswirtschaftsamt Nr. 409a
   - Oberföhring: Akt 53, Versammlungen und Vereine; Akt 20, Ziegeleien
   - Schulamt Nr. 3698
   - Historisches Bildarchiv, R 4628-V-9, Fotos von 1983

3. Pfarrarchiv St. Lorenz, Chronik von Pfarrer Attenberger

Bücher und Zeitschriften

1. „Bauen im Nationalsozialismus",
   Katalog, Stadtmuseum München, München 1993,

2. Stadtarchiv München (Hrsg.), „Chronik der Stadt München 1945-1948",
   1980

3. Snopkowski, Simon, "Zuversicht trotz allem", 2000

4. Stern Magazin, Nummer 47, 1983

Broschüren

1. „300 Jahre Pfarrkirche St. Lorenz Oberföhring", Festschrift ‚1980

2. Liere, Manfred, „Chronik von Oberföhring", 1969

3. „10 Jahre VG 29 e.V.", Vereinsgemeinschaft 29 e.V., Festschrift, 1993

4. „20 Jahre VG 29 e.V.", Vereinsgemeinschaft 29 e.V., Festschrift, 2003

5. „100 Jahre SG Oberföhring-Priel e.V.", Festschrift

6. F.C. Rot-Weiß Oberföhring Mitteilungsblatt, 1949

7. Festschriften F.C. Rot-Weiß Oberföhring e.V. von 1972, 1979 und 1982

8. Festschriften des Heimat- und Volkstrachtenvereins Staffelseer e.V. von 1972 und 1979

9. „Städtisches Krankenhaus Bogenhausen", 2. Auflage 1989

10. Diez, Paul Gerhard, „Chronik der Vaterunserkirche", München 1991

Bilder

Stadtarchiv München :	Nr. 46, 47
Kulturreferat München :	Nr. 61, 62, 84, 86
Berufsfeuerwehr München :	Nr. 49, 50
ehem. Heinrich Hoffmann Bildverlag	Nr. 1-4, 7-36, Rückseite

die anderen Bilder stammen aus Privatbesitz